次の東京オリンピックが来てしまう前に

菊地成孔

平凡社

あらゆる惨敗の記録　～まえがきにかえて～

「連載のタイトルと内容なんですけど、あのう、この連載、もし、3年続けば、ですけど、オリンピックになるじゃないですか？　僕はこのオリンピックはロクなもんにならない……っていうか、これは単に僕の嗅覚というか、直感も直感で、何の根拠もないんですが、下手に転んだらトンでもないことになると思ってるんですよ。だから、この3年間は、ずうっと、軽く憂鬱なまま、遊んで暮らしてると。話が大げさになっちゃうけど、大正モボ／モガとか言って、街遊びの享楽に酔い痴れていた人々が、昭和に入って、30～40代、社会を動かす年配になってから、所謂〈軍靴の響き〉って言うんですか？　太平洋戦争に向けて、世の中が不穏になって行くのを、〈ああ、なんかやだなあ、この流れ〉って思いながら、どうしようもできなかったんだと思うんです。若くて息苦しくてストレスが溜まってる若者を軍部が利用して、戦争に持って行く。2度目の世界大戦が始まりそう。そう思っていても、遊び人であるモボやモガは無力だった。と、まあ、これは大げさ過ぎますけど、まあ、そうですね、子供のころから街遊びに酔い痴れていた奴が、心の片隅に〈なんか、2度目の東京オリンピック、やだなあ〉と思いながらも、結局、街遊び、消費文化を続けている。という構えで、連載のテーマに〈オリンピック〉を掲げちゃって、だんだんと迫ってくる嫌な予感と共に、日常を過ごす。っていうのはどうでしょうか？　それで、最終回は、いよいよそのオリンピックが来月から開催される。そこまでで逃げてしまう。だから連載タイトルは『次の東京オリンピックが来てしまう前に』。初回は、僕、前のオリンピックに行ってるんで、その話から始まるという」

「いやあ、それすごく良いです。それで行きましょう」

本書は、今、日本で一番おしゃれで意識が高くて、サスティナブルでエコロジカルでハイクラスな『HILLS LIFE DAILY（ヒルズライフデイリー）』というウエブマガジンに、2017年4月から2020年7月まで連載されたものに、加筆修正してまとめたものです。全37回の連載で、1回だけ掲載NG回があったんですが、それも含めています。

冒頭の会話は、連載担当者の小谷さんと僕の、最初の打ち合わせの席でのものです。小谷さんは当初「街遊びの達人として、菊地さんに、音楽とか映画の批評や分析とかではなく、ノンテーマの、調子の良いエッセイの連載をお願いしたい」と仰って、それに対して僕が（その場で）思いつき、話したことが、そのまま全部連載を律する企画になった。という経緯を示しています。

僕は著述家として、そこそこ多作な割に類書が少なく、1冊ごとに企画があって、しかもそれがみんな違う上にトゥイステッドなんで、文体も含めて、読者の方々から「癖の強いエッセイスト／批評家」だと思われがちだと推測しているんですが、まあまあ、よくある話で、癖が強い奴が憧れてるのは、〈薬にも毒にもならない、洒落た都会的なエッセイ〉と言ったもので、例えがベタベタですけど、『エスクァイア』とか『プレイボーイ』とかに載る、名エッセイストたちの、洒脱な筆先。みたいな本が出したいなあ。と、ずっと思っていました。

しかも編集担当の小谷さんは、そもそも今はなき『エスクァイア日本版』の編集者で、僕をジャーナリストとして、ブエノスアイレスとモロッコへ取材に行かせ、ブエノスアイレスには帯同した方ですし、時は流れて、舞台は前述の『HILLS LIFE DAILY』に移ったわけなので、これはもう憧れのアレをやるしかねえ。と思ったんですが、結果は本書にある通りです。

そう言う訳で、タイトルにある「惨敗」は、第一には、「そんな〈都会的で洒落たエッセイ〉にはなれなかった」ということで、これは誰に負けたかといえば、世界にです。コロナ禍の真っ只中でも平然と、お気に入りのペンの話だの、恋の話だの書いていられれば勝ちだったんですけどね。まあ、そもそも冒頭の打ち合わせで、大正モボ／モガの無力な惜敗を例えにしてるんだから、これは語るに落ちた。という奴でしょう。たった3年半の連載で、コレほど一人称がコロコロ変わった連載というのは珍しいでしょう。改めて全編を読み直しながら、だんだんキツイ内容を、キツイ文体で書いてゆくキツイ長文化が止められなかったキツイ一人称、「筆者」を、溜息と共に見つめています。

しかし、負けという現象は多角的で、そして、ぶっちゃけ極めて面白い。なんであのボクサーが負けたか。なんであの論客が負けたか。なんであのホストが負けたか。負けてどうなったか。といった、分析に類する話は、だいたいなんでも面白いですよね。

そんなに厚くて難しい本じゃあないので、出来たら皆さん、斜め読みでも良いので、最初から全編を残さず読んで頂きたいんです。勿論、「オレが書いたんだから乱読なんか許さねえ」と、大見得を切ってるわけじゃないですよ。ええと、お楽しみが待ってるんですねコレが。

全部読み終えると「後書き」が来ます。そこには、この連載のアクセス回数、つまり「何回読まれたか？」のチャートが、愉しくも、また無慈悲にもズラっと一覧してあります。3年半で37回ですから、タイトル見て「あ、あれの回ね」と、覚えきれるポーションだと思いますので、「ええ？　あの回、こんなに読まれてないの？（或いはその逆）」といった、ゲームみたいな面白みがありますし、著者である僕の、著者であることからなるべく遠く離れた、客観的な分析も書いてあります。競馬新聞みたいで面白そうでしょ？　それには、レースに出る馬のキャラクター、全部知ってた方が楽しめますからね。

負け負け言ってますが、負けるが勝ち、とまで言わないまでも、僕は今、ものすげーワクワクしていて、毎日生き生きしています。世の中がこの有様だからです。今、「オレ、超元気ー!!」とか言うだけで眉をひそめられそうな、クソみたいな社会ですよね。僕の親族は全員、太平洋戦争と、大空襲による焼き払いを経験していますので、「ああ、自分が死ぬまでに、日本が焼け野原にならないかなあ」と、コンプラギリギリでアウト。な夢想を常に心の片隅に持って生きてきました。焼け野原の写真は実家に残っています。そして、今、GDPがああ言うことになり、タクシーで千駄ヶ谷あたりを通るたびに見える、使用されずに手付かずになったオリンピックスタジアム、その閑散とした風景は、逆転した焼け野原だなと思うと、「うおお、待ちに待った世界が!」とニヤケが止まりません。と、もうコレ以上は、怒られちゃう。

平凡社と小谷さん、そして、直感通り、多角的な惨敗をもたらせてくれたこの世界に感謝します。それではたったの3年半前に遡って頂いて、早速お楽しみください。

2020年9月18日20時29分　世界よりもはるかに早く乱雑を極める書斎にて。

菊地成孔

2017年

流行語大賞「忖度」「インスタ映え」

1月20日　米大統領にトランプ大統領就任(共和党)
1月23日　米がTPP離脱へ トランプ大統領令署名
1月25日　大相撲 稀勢の里が横綱昇進
2月13日　キム・ジョンナム氏が殺害される
2月24日　プレミアムフライデースタート
3月3日　任天堂 家庭用ゲーム機「ニンテンドースイッチ」発売
3月13日　加計学園問題で安倍首相答弁
3月23日　森友学園の籠池理事長 証人喚問
4月9日　体操の全日本選手権で内村航平が10連覇

4月10日　フィギュア女子　浅田真央が引退表明
5月4日　子どもの数　36年連続減　過去最低更新
5月26日　女子ゴルフ　宮里藍　今季限りの引退発表
6月2日　アメリカ　パリ協定から脱退方針発表
6月7日　生活保護受給世帯が過去最多
6月12日　上野動物園でパンダ誕生
6月20日　将棋　加藤一二三九段が現役引退
6月26日　将棋　藤井聡太四段がデビューから無敗のまま公式戦29連勝の新記録
7月5日　九州北部豪雨災害
7月9日　「沖ノ島(福岡)」世界文化遺産登録決定
7月21日　大相撲　横綱　白鵬　通算最多の1048勝
9月3日　秋篠宮ご夫妻の長女　眞子さまと小室圭さん　婚約内定
9月22日　電通　違法残業　社長が法廷で謝罪
9月25日　「希望の党」結成　東京都の小池知事が代表
10月3日　「立憲民主党」結成(枝野幸男代表)
10月6日　「ICAN＝核兵器廃絶国際キャンペーン」ノーベル平和賞受賞
10月31日　神奈川　座間のアパートに切断9遺体　男を逮捕
11月6日　拉致被害者家族　トランプ大統領と面会
12月9日　プロ野球　日本ハム　大谷翔平が大リーグ　エンゼルス入団で合意と発表
12月15日　『スター・ウォーズ／最後のジェダイ』公開
12月16日　女性の再婚禁止「100日超過部分は違憲」最高裁

1　僕は東京オリンピックに行った　――２０１７年４月20日公開

よくある話だが、どういう連載にするか、トーンとマナー（古い、しかも広告屋の言葉だ。他に替えが利くワードが思いつかなかったからといっても、なんで使ってしまったんだろうファック）が決まっていないまま、連載タイトルだけは先にくれと言われ、とりあえず思いつきで決めてしまった。依頼の後に行われた打ち合わせでは「東京について（街っ子の遊び人として）色々書く」という、「これほど茫漠としたテーマがあるだろうか」というほどのもので、ちょうど母親を亡くしたばかり、というタイミングも手伝い、そして僕は途方に暮れていた訳だが、やはり初回は、思いつきで決めてしまった連載タイトルに準じて、前の東京オリンピックについて書くことにした。この回を、ちょっとだけ、母親に捧げる（編註：この原稿は２０１６年11月に執筆された。筆者の母親はこの年の10月逝去）。

僕は１９６３年生まれの（※当時）53歳、ついでに誕生日は6月14日で、言うまでもないが、この歳で誕生日を知ってもらいたい、等といった欲望などある訳がない。しかし今、テレビ（地上波）を消音つけっぱなしで書いているのだが、どのチャンネルにもドナルド・トランプ（少しだけ威張らせてもらうが、僕は全メディア「ヒラリー有利」を伝える中「絶対トランプに決まってんじゃん。バカかお前ら?」と全メディアに突っ込み続けたので、現在、大満足である）が出ている。

彼と僕と、ついでにエルネスト・チェ・ゲバラ（と、ついでに大塚寧々と川端康成も）は同じ誕生日である。ゲバラで思い出したが、僕が生まれて初めて知った「大人のジョーク」は、洒脱方面ではなく、下劣方面で、「キューバのスカトロ政権」というものだ。実家が飲み屋だから仕方がない。初めて耳にしたのが小学生、意味を知ったのが中学生、といった所だろうか。下劣方面とはいえ、やや洒落ている、とも言えるし「60年代初頭ならば、なんだってみんなそこそこ洒落ていた」とも言える。

「全然関係ねえし」などと安易に突っ込まれては困る。1964年の「オリンピックの記憶」は、僕の中では「生まれて初めて知った大人の世界シリーズ」というフォルダに観念連合として投げ込まれており、地下茎的に全部繋がっている。と、大体こんな風に連載が続くと予想される。

僕は東京オリンピックに行った。僕と同い年とはいえ、KONISHIKI、宮根誠司、松本人志、ブラッド・ピット、ジョニー・デップ等々は、第一には東京から遠く離れていたので来ることが不可能だったと推測される（ラッシャー板前、板尾創路、松重豊等々は、出身地がわからない）。これはよくある戦後史懐古的なノスタルジーとか、ましてや単純に自慢とか、あるいは悪い思い出があったとか云った文学的な趣向でもなく、単に「自分は万博は逃しました（大阪はまだ遠かったからね)」ということとバーターになっているのだが、一方で、1歳児を連れて家族でオリンピックに行った家庭が、当時全国でどれぐらいあったか、推測もつかない。

はっきりしていることは、前の東京オリンピックの入場者の中で、最も若い入場者であったこと、そして、その時に唯一残されている写真が、「ソヴェート連邦(当時)の女子飛び込みの選手に自分が抱かれている」というものだということである。

すでに両親とも亡くなったが、千葉県銚子市という田舎の港町の、しかも飲み屋の一家が観たかったのが「東洋の魔女(一応念のため、女子バレーボールのこと)」だったのは言うまでもない。そして、東京の下町よりもさらに下の下、東の果てにある港町の板前と寿司屋の娘が、「長い行列に黙って並ぶ」等といった殊勝なことが出来るはずがない(因みに。だが、後に彼ら――僕も含めて――は、マクドナルドの一号店が銀座に出店した時は、殊勝に並び、今でもニュースフィルムに写り込んでいる)、短気でせっかちで、ついでに終戦直後に闇米によって商売を成功させ、つまり配給待ちの列を逃れることにより成功体験を身につけた両親は、途方も無い列を目の当たりにした段階で、一発で東洋の魔女は諦めた。

更に彼らは「じゃあ、次に観たい競技は何か?」といった、今では当たり前の、コンテンツとコスパに基づいた思考法を持たなかった。繰り返すが、本州の最東端であり、古来、江戸を逃れて東方に逃げた罪人たちが溜まったドン突きが、遠洋漁業と醬油造りをメインに現在の町の文化的な基盤を作った、千葉県銚子市で生まれ育った故・菊地徳太郎と、故・菊地知可子は、ぐずりのキツかった嬰児である菊地成孔を背負子で背負いながら、夫婦はおそらく現在の代々木第一であろう「一番空いている競技会場」に向かった。

　それは、女子飛び込みである。いうまでもないが、このエッセイは飛び込みを侮辱するものではない。動画サイトレヴェルで、会場観戦こそしたことはないが、現在の僕が好きな競技の中でも、女子飛び込みは確実に五指に入る。ただ、当時の日本人は、女子飛び込みについて、ほとんど何も知らなかったのである。

　然るに、現在、実家に残されている、（膨大にあっても良さそうなものである「東京オリンピック観戦アルバム」の中で）一葉だけ残されている写真は、「かわいい赤子を抱え、ほっぺたにキスをしている、ソヴェート連邦（当時）の飛び込みの女子選手3人」である。勿論、試合直後とかではなく、終了後のバックヤードであるからして、ウエアは所謂ジャージ（勿論、赤の）で、胸には「CCCP」の文字が踊っている。僕が目にした、最初の「4レターワーズ（これは一般には「LOVE」のことを指すが）」がコレだ。

　いうまでもなくソヴェート連邦はCCCPもしくはUSSRが略称である。前者がロシア語、ザ・ビートルズの曲名としても有名な後者は英語であり、どちらも「ユニオン・オヴ・ソビエト・ソシアリスト・リパブリック」即ち「ソヴェート社会主義共和国連邦」を略したものだ。

実家をどこまで漁っても写真はこれ以上出てこない。どうしてコレ一枚？　という理由を聞くこともなく両親は亡くなったので、理由は一生わからない。はっきりしているのは、僕に最初にキスをした外国人女性は旧ソ連の、女子飛び込みの選手だということである。塩素の匂いと共に、一生を左右する重大事には違いない。

2　パリに学べ。なんてもう言えない　――2017年5月31日公開

「観光食堂」という言葉を知っている人々は、現在50代後半の、しかも一部の人々だろう。僕の記憶が確かなら、70年代から発生し、玉村豊男氏あたりが80年代あたりから効果的に使うことで、いわゆるグルメを自認する人々の間で定着した言葉である。

今は「1億2千万総グルメ評論家」と言っても差し支えはない時代で、それを言ったらグルメだけでなく、剣より強いペンより更に強いSNSを握りしめて、ありとあらゆる人々が、ありとあらゆる事柄に一家言もつ評論家かコメンテーターばかりの国である。「国民が全員批評家になった時、その国が求めるのは巨大な権力、リヴァイアサンである」とホッブズは言ったが（ウソ。ぜんぜんそんなこと言ってないが）、まあそれは兎も角、誰でも食事へのウンチクを垂れる時代となった現在なのに、いや、だからこそ、か、「観光食堂」は死語だろう。とはいえ使用例を挙げれば推測ぐらいつくんじゃない？

〈使用例〉

グルメ会社員A「こないだレ・アールの例のビストロに行ったら、もうさあ」

グルメ会社員B「あのビストロもすっかり観光食堂になっちまったってわけだな」

グルメ会社員C「いやあ、ノートルダムから見渡す限り『5カ国語メニューあります』の看板ばっかりでさあ。鴨のコンフィが隣の店と全く同じ味なのよ。驚いた」

グルメ会社員D「ふっ。あの辺りは60年代から観光食堂しかないよ」

懐かしいぜー！　懐かしいよー！　良く聞いたよこの会話ー！　っと失礼、ノスタルジーはついつい人を興奮させるもの。とはいえなんとなく「観光客相手の料理店＝大味で粗雑な店」といったイメージが浮かんできたでしょ？（「ぼったくり」とか、逆に「ホスピタリティが高い」とか想像した人もいるかもしれないけれども）

そう、それで正解なのだが、もう少し詳しくいうとこうなる。

〈定義〉

（A）第二次世界大戦後のアジア圏の国々は、海外渡航規制によって、一般人の海外旅行が様々な形で制限され、やがてそれは経済的な復興によって、どんどん自由化されていった。北東アジアに於いて、その尖兵が我が国だったことは言うまでもないだろう。日本の一般人に観光目的の海外渡航が許されたのは１９６４年、大韓民国は１９８９年、中華人民共和国に至っては２０００年である。

パンアメリカン航空が協賛会社に名を連ねたテレビ番組『兼高かおる世界の旅』によって啓蒙され、ジャルパックや農協旅行など、パックツアーという商品が飛ぶように売れ、我が国の第一次産業の従事者の方々や、会社の研修旅行の方々は「眼鏡をかけ、首からカメラを下げて、同じ背格好と顔をした無個性な集団。風光明媚な場所で、風景を見ずに写真を撮り続ける。英語は喋れず、常に曖昧に笑っている」といった嘲笑的なイメージを欧米人に持たれるに至る。

主にパリやローマといった欧州の観光都市で、主に欧州料理の店、つまり、カフェからビストロからレストランまで、あらゆる料理店は、ある時から降ってわいたように市内を闊歩する彼等への対応策を練らなければならなかった。

そこで「土地の者が来る店と店の間に、知らぬそぶりで、特に美味くはないが（というか、まあ、不味いが）、有名なメニューは揃えてあり、外国語メニューが置いてある（さすがにパリのガルソン達が必死に日本語を勉強する。ということはなかったので）、観光会社とつるんだ店が点在するようになり、何も知らない観光客達はその店に詰め込まれる。これが「観光食堂」。

（B）老舗のビストロやトラットリアが観光ガイドに載るようになると、観光客が押し寄せ、いわゆる「客筋が荒れた」格好になった。大雑把な下準備で適当に作っても彼らは大喜びで写真を撮り、チップを払わずに（あるいは、過剰に払って）帰って行く。フランやリラしか使えなかった店にカードやトラヴェラーズ・チェックが定着し、店の水準はどんどん落ちてしまい、看板には下手くそな手書きの「日本語メニューあります」。いたずらに忙しくなって、有能でアティテュードの高いシェフやガルソンは辞めてしまい、求人広告が。腕の悪い職人が、あの老舗に求人があるといって着任。水はどんどん低きに流れ、劣化は食い止められない。これが「観光食堂」。

まあ厳密には（B）は「観光食堂化」というのが正しいのだろうが、いずれにせよ周到な二枚舌、もしくは堕落である。文化差別でも、ましてや宗教差別でも、さらに言えば地区差別でも絶対ないのだが、日本でこんなキリスト教徒みたいな意地の悪いことや絵に描いたような退廃が可能なのは京都だけだろう。京都はすでに、日本人同士でこれをやっている可能性が最も高い観光都市である（少なくとも函館よりは）。

現在の東京は、学ばなければならない事態に対し、学びを怠っているのではない。気がつけば、というのが最適であろう、学ぼうにも教師がいないのである。パリの残虐さ、イギリスの慇懃無礼さ、イタリアの陽気さ、どころではない、中華人民共和国の大陸的な鷹揚さすらない、清潔で優しくて気の弱い我々は、これからやってくる「観光立国」という大仰な言葉があながち大仰でもない状況に対して、なんと、完全な全方位外交のスーパーホスピタリティで臨もうとしているのである。すごいよ今、中韓国語の学ばれ方っつったら。学び足りなくて、中韓国語が話せる人から順に雇用がある。ユニクロの銀座旗艦店なんか絶対そうだ。フランス語と中国語しか聞こえてこないからシノワズリである。

どんなにネットが荒れようと、列にはちゃんと並び、和を尊び、恥を知り、客人をしっかりもてなす。なんたるジャパンクール。しかし、それだけなのであれば、やがてはパンクするし、淘汰の果てに、ホスピタリティなんか気にしないアキバとゴールデン街だけが客も店もリラックスした外人天国になるだろう（既に新宿では、そうなりつつある）。

現在の東京は甘い地獄なのだ。どういう意味で？　ミシュランの星大盤振る舞いは、奴らの二枚舌や下心では決してない。東京は「まずいものが食えない地獄」という、結構な地獄になってしまった。喉が渇いている漂流者のようなものだ。一面が水なのだが、飲めば飲むほど喉が乾く。

大陸からのお客様たちや半島からのお客様たちのことを考えなくとも、この地獄は真綿で首を絞められるようにエグい。我々は、どんなに作りたくとも、構造的に観光食堂が作れない地域に生息する美食性の動物なのである。

これからは、タイムマシンに乗りさえすれば、手を伸ばしただけで手に入る、食えたもんじゃない蕎麦屋や、看板だけ立派で、味がよくわからない割烹や、食品か工業製品かわからないようなコンビニのフードやドリンクを必死に探し出し、それが宝石となるだろう。お約束のコード進行で泣かす、サビの前に敢えて入れる、ちょっと退屈な数小節が黄金となるだろう。微妙に整合性を欠いたまま萌えさせボロ泣きさせる脚本が（「〇〇〇は」のことじゃないよ。ウソ、ことです）その年を代表する作品を駆動させるだろう。微妙に読みづらく、微妙に長いエッセイが、日本エッセイスト協会賞のノミニーとなるだろう。私のそれのように（諧謔です諧謔）。

3　僕の作詞作法
――2017年6月30日公開

自分の主宰しているレーベルのアーティストに楽曲を提供することになった。アーティスト名は「けもの」といって、女性の1人ユニット（「コーネリアスみたいなものです」という説明でこと足りるだろうか？　全く予想がつかない）なのだが、アルバム全体のテーマというかキーワードというか、そういうものとして「今の東京」が掲げられている。作曲はコチラがするので、作詞をお願いします。と、プロデューサー（僕）に逆指名が来たのである。

僕の仕事は良い意味でも悪い意味でも早く、オファーを受けたら電撃の速さで書いてしまう。音楽家だけでなく、作家でも画家でもそうだが、着想から完成までのプロセスを「降ってくるのを只々待つ」と、古代の雨乞いもしくは来訪神（古代に於いて二者は同じようなものだけれども）の如く言う者は多く、つまり「書こうと思っても書けるものではない」ということなのだけれども、この反対が「湧き出してしまって止まらない」状態だろう。

僕の仕事は、おそらく両者の中間にあって、一番似ているのはフリースタイラーのラップではないかと思う（『フリースタイルダンジョン』知ってるでしょう？）。「はい、お題は〈今の東京〉で。

スタート！」と言われて、とにかく書き出してしまうのである。推敲や中断はほとんどしない。なので、どういう思考や連想のプロセスを踏んで完成したのか全記憶しやすい。トランスして、気がついたらこんなん書いていた。といったことは滅多にない（あくまで作詞の話ですが）。なので、1曲の作詞にどれぐらいの素材があったか、まるまる書いてみることにする。

まず、タイトルを『tO→Kio*』とした。

「東京」も「TOKIO」も「トーキョー」「TYO」も、それらに何かをくっつけたやつもほぼほぼ出そろっているので、新しい表記を作ればよい。これはアルファベットと記号を組み合わせて10パターンほど並べ、すぐに決めた。すごく良い訳ではないが、タイトルのインパクトが強すぎると、内容がどうでもよくなってしまいがちなので、そこそこちょうど良い感じに留めた、ということにしておく。発音としては漠然と「トーキオ」みたいな。これがスタートボタンである。はい押した。

「今の東京」と言えば、中国人観光客である。僕は銀座にあるラデュレのサロン・ド・テが好きでよく行くのだが、御多分に洩れず、北京語と広東語が聞こえてくる。これは消去法であって、僕は赤ん坊程度には韓国語を話すので、そうでなければ中国語、といった程度のことだが。

彼らは総じて富裕層であり、全身で総額１００万以上の人々がほとんどである。「けもの」はある日、ここの壁際の席に座って、ぼーっと他の客を見ながらマカロンをつまんで紅茶を飲んでいる。「けもの」は中国語の渦の中に、点在する日本人客をフォーカスし、またもやぼーっと見つめている。

格差社会というが、日本には韓国のような財閥も、中国のような、あらゆる劇的な格差もない、中国人観光客はリア充とか勝ち組（懐かしいなあ）とかいう日本人対応のネット語を吹き飛ばす、現代の貴族みたいな人々だが、日本人はそれに比べると平等だなあ。でも平等というのは不平等な人々がするコスプレみたいなもんだ。確か、山内マリコ先生の最新作は『あのこは貴族』だったような気がするなあ。お姫様みたいな子も、町娘みたいな子も、平等に平等な服を着ているなあ。ほんのちょっと物悲しい。ピスタチオのマカロンをもぐもぐもぐ。

それにしても「愛」という名前って、ちょっとすごいと思うのだけれども、みんなは思わないんだろうか？　漫画家の池野恋先生はペンネームだからアレだけど、実際に「恋」という名前で「恋ちゃん、恋ちゃん」と呼ばれていた子なんて見たことないし、そうだなあ逆に「憎」という名前の子もいないし、「罪」とか「性」という子もいないが、「愛」は山ほどいる。表記を変えれば、もっといる。だけど、「愛」ってすごくないか？　そもそも自分の名前が「愛」。

全然すごくないとみんな思うかもしれないが、「けもの」は、そう思い始めてしまう。だって外国人で思いつくのってコートニー・ラヴとか、G・ラヴとか、90年代に流行った音楽家ぐらいしか知らない。歴史上の人物や、現代の有名人に、なんとかラヴっていう人いないよね。

「自分の名前が〈愛〉という子は、恋人に〈愛してるよ、愛〉と言われたり、恋人に〈愛してます。愛より〉とメールの最後に書いたりするんだろうし、ふざけて、自分の名前の下に「人」をくっつけて「菅原愛人」とかいうハンドルとかペンネームとか作らないのだろうか？　というか、〈恋人〉と〈愛人〉って……」

と、アーティストであり、歩くポエジーとも言える「けもの」は、詩的／修辞法的な思考が止まらなくなってしまう。「〈恋人〉に〈愛してる〉と言われる。って、どういうことなのだろうか？　そもそも名前が〈愛〉の人たちは、おそらく、麻痺しているんだろう。いや、逆で、意識しすぎておかしくなってしまっているのかも」2煎目のぬるいダージリンをずずずずず。

宵闇が迫ってきた。この時間、好きで、嫌いだなあ。だってなんか怖いんだもの。きっと古代の人もそうだったに違いない。だからこんなに銀座の街はライトアップしてるんだ。キラキラしたものが好きなのは女の子だけじゃない。そもそも神様がキラキラしたものを好んでいたんではないだろうか。

あ、突然思い出した。3年前ぐらいかな。もう別れてしまった彼が、初めて私の部屋に泊まりに来た時、「部屋中にあるものがみんな、君の過去の遺物だ」と言って、頭を抱えてしまったことがあった。「嫉妬と恐怖で眠れないよ」と言って震えていた彼は本当に素敵だったなあ。でも、別れてしまった。彼のTシャツにはチェ・ゲバラがプリントされていて、私がふざけて「革命家になりたいの?」と聞いたら「いや、誕生日が同じなんだ」と言って、暗く笑って、検索して見せて、それからトイレに入り、1時間ぐらいしたら出てきて「もう、日本に革命なんか起こるわけないだろ」と、怒ったような顔で言って、トイレに戻りかけ、私の隣に座った。

私は間違って「でも、オリンピックがあるからいいじゃん」と言ってしまい、コミュニケーションは砕け散ってしまった。あれが別れた原因だったのかも。これだから夜中は嫌だ。怖い時や嫌な時は、気をまぎらすために何かを考えるのが手っ取り早い。でも、たった今していることが、それなんじゃないか?　「けもの」は、一瞬で泣きそうになる。頑張れ。オリンピックの制服って外れないよなあ。動画サイトで色々見たけど、結構みんな好き。次はどこが作るんだろうか?　mameでもTOGAでも良い。制服って素晴らしいな。学生もOLもやめたし、もう着ることもないけどね。だから制服っぽいデザインが入った服は、つい買ってしまう。キャビンアテンダントさん風とか。バスガイドさん風とか。

でも、あれ?　えっと、革命の時って、体制側と革命軍にわかれるわけよね?　「革命」っていう言葉を口にする時、反射的に自分を体制側だとイメージしながら口にしている人っているんだろうか?　いなそう。いなそう。だけど制服着てるのって体制側じゃない?　革命軍は、みんな好き勝手な服を着るわけでしょ?　だったら体制側のが良いじゃん。あれ?　逆か?　いいのか?　おっかしいな。おっかしいな。おっかしいよ。うっとりしてるはずなのに涙が止まらない。

別の彼氏のバイクに、2ケツで乗った時みたいだな。彼とクラブで踊った時みたいだ。彼のほうが彼よりガチで革命家みたいだった。彼に恋していた。彼にも恋していたなあ。東京に出てくる前だったなあ、確か直前だったよ。「けもの」はラズベリーのマカロンを指で圧し潰す。マカロンが傷ついて内出血したように見える。はい出来た。

「tO→Kio*」

作詞　菊地成孔／作曲　トオイダイスケ

ラデュレのサロン・ド・テにいると中国語が聞こえてくるわ
（シノワズリー）
左の子はお姫様だし　右の子は平民まるだし
夕暮れは落ち着かないから　何かを考えなくちゃ
銀座の街に革命が起こったら　どのブランドを着て闘おうかな？
愛という名前の子は愛について結構普通
ねえ？　東京　フロアにいるから私を　もっと揺らして

いま彼は私の部屋に　初めてお泊まりに来て
(ノスタルジー)
知りたくないことばっかり知りすぎて暗くなってる
真夜中はちょっと怖いから　何かを考えなくちゃ
銀座の街に革命が起こったら　どのブランドを着て闘おうかな?
愛という名前の子は恋について普通じゃなくなる
ねえ?　東京　後ろに乗るから私を　もっと揺らして

4　土用の丑の日（ベタな）

——2017年7月27日公開

鰻が大好きで、真冬でも喰うし、コンビニ（コンビニ食はいまや全くジャンク扱いできないけど、というか、もう東京に本当にまずい、本当のジャンクフードなんてないけど）の千円ぐらいのから、ミシュラン星付の一万円（うな重にだけ固定）まで、どれもみんな好きだ。「これが好き」という時、証明の方法としては「一番安いのから一番高いのまで、みんな好き」かどうか？　が、有効なひとつとして挙げられると思う。すき家のうな牛とか最高であるし、竹葉亭銀座店の白焼きも完璧だ。

僕は焼肉がさほど好きでない。和牛A5信仰みたいのが全くなく、最高級店だと1皿もたない。和牛というのはシンプルにいって、とても不味い肉だ。江戸時代、マグロのトロは捨てられていて、赤身が最上とされた、という話を聞くだに、サシが蜘蛛の巣のようにびっしり美しく入ったミスジとか、脂っこすぎて捨てるべきだと本当に思う。

焼肉というのは料理の中でもオモチャに近いと思う。牛角とか安安とかが一番美味い。この歳になると、ほとんどのことがどうでもよくなって「こんな奴嫌い」とかいうきめ細かい元気もなくなるが、「高級焼肉店にベンツで乗り付けて、弟子を山ほど連れてロマネコンティ抜いてふんぞり返ってるバカ」は、もう本当に、掛け値なしに笑うほど嫌いだ。あんな下品でバカな奴らは地球上探しても、高級焼肉店にしかいない。いっそ清々しい。書いているうちに大好きになってきた。

avexが自社アーティストだけでやるa-nationというフェスがあって、テレビとかで観ながら「こいつらほど高級焼肉が似合う人類はいない。絶対に高級焼肉ビル借り切ってるに違いない。んで出番が終わった順にそっちに移動するのだ。そんで、最後の浜崎あゆみが終わるまでサラダとスープだけで、浜崎さんが終わって、全員が揃ったら乾杯があってカルビが喰えるに違いない、要するにa-nationじゃなくて牛(ぎゅう)-nationでしょ。焼肉が最高の好物である人々。わはははは」とか言って、同じ業界でも一生縁はないということを担保に、安心して嘲笑している。僕はメディアではジェントルメンであることを心がけているが、プライヴェートの口の悪さは自分でも寒気がするほどだ。

鰻に戻る。僕の実家は千葉県の銚子市という漁港街だ。昔は鰯、今は金目鯛が有名だが、実は銚子市は太平洋と利根川がぶつかり合う地点で、長らく天然鰻の聖地だった。上物は東京の料亭や鰻屋に卸すが、小さかったり、傷物だったりする、商品にならないやつが大量に川から上がる。これを、銚子の女たちはバケツ買いして、自宅でインチキな蒲焼きにして食べるのである。

僕がエッセイストとして、もう少々腕があったら、この風景の記憶だけで、かなりの一編が書けるはずだ。彼女たちは、利根川から上がる川魚や沢ガニの、魚市場というには小規模すぎる、賭場みたいなスペースに出向き、両手に持ったバケツに、傷物の鰻を詰め込めるだけ詰め込んで計り買いし（相当安かった筈だ。因みに僕が覚えている、最も安いシーフードはイルカで、角切り肉の価格は一舟40円だった）、汗びっしょりのまま、満面の笑顔で各々の自宅に帰ると、ソウルフードとしての鰻を捌きに入った。

なんだかもう、縄文人の、手製の道具みたいなワイルドな奴で、目打ちをし、腹を開く。肝は別のビニール製の青いバケツにみんな入れてしまう。あらゆる家の軒先で行われる、この工程自体が、原始人の村落のようだ。料理人になるべく5歳から仕込まれていた僕は当然手伝った。あの時の原始的な包丁さえあれば、今でも鰻は裂けると思う。

肝は大釜にぶっ込んで生姜と醬油でどんどん炊いてしまう。銚子は千葉県だと野田と並ぶ醬油の町でもあり、醬油を味わうために食事をしているぐらい醬油が好きな人々でいっぱいだ（僕も未だにそうだ）、うな肝の佃煮だの、そもそも鰻のタレだのはもう最高である。肝心要のフィレの部分だが、蒸す工程は面倒なので割愛される、ので白焼きはなかったが、醬油とわさびで喰ったらさぞかしうまかったろう。蒲焼は炊きたてのご飯とともにバクバク何匹も食った。立ったままだ。

僕の鰻の原風景はこういうものなので、後に野田岩さんだの尾花さんだの、神田川さんだの、竹葉亭さんだの八沢川さんだのに行っても、贅沢をしているという気分には全くならない。丁度、焼肉が好きな奴が焼肉屋にいるのと同じ気分ではないだろうかと思っている。

さて、ここまでが前置きだ。今回のテーマは山椒についてだ。

「鰻に山椒」は、ストリート鰻出身の僕からすると、かなりエレガントなものだった。昭和の粉山椒というものは、昭和の七味唐辛子と同じで、おしなべて腰が抜けており、なんとなく、爽やかな香りがするだけの、言ってみればバジルみたいなものだったから、まあまあ、味に大した影響はないし、うな重の蓋を開けて、瓢箪型の入れ物からささっと振りかけるのは、なんというか、大人の嗜みというか、一種の儀式というか、そういうものだった。

なので僕は、子供の頃から、店で食べる時は何も考えずにうな重にささっとかけて喰っていた。そのうち、かけない方がいっそ旨い、と思い立ち、それから何十年か、山椒は使わない派だった。先日、歩いていたら「あ、明日、土用の丑の日」と突如気がついて、丁度伊勢丹の前にいたので、伊勢丹の中の宮川さんに伺った。伊勢丹の7階イートパラダイスは、売り場が閉まっても営業している。8時過ぎに、本店が閉まってから入って行く伊勢丹は風情があって良い。

腹がペコペコだったので、中入れ丼を頼んだ。中入れ丼について詳細に書くだけでも、そこそこの食エッセイになるだろうが、とにかくうな丼のでかいやつだ。

54歳になったばかりだったので、と言うのも変だが、とにかくその時はそう思って、何十年か振りで、こう、典雅に山椒を振ってみた。昭和の、腰の抜けた山椒しか連想できなかったので、結構大量にかけた。

と、これが驚いた。腰が抜けるほど。

名店である宮川さんのうな丼が、中華料理にしか思えないのである。

理由は書くまでもないだろう。我々は、いつの間にか、長らく「あまり正体のわからない、うな重の時にだけ出てくる、グリーンの粉」であった山椒に関して、主に中華料理によって、体験し、学び、すっかり強烈でキャラクターの明確な調味料として消費していたのである。麻婆豆腐や担々麺は言うまでもなく、かなりの高級宴席中華でも、山椒はやれソースに、やれ広東式炙り焼きの下味にと大活躍なのである。

鰻喰いは、中華料理である田鰻のぶつ切り煮込みや（山椒が山ほど入っている）、フランス料理のマトロート・ダンギーユ（鰻のブルギニオン＝ブルゴーニュ風赤ワイン煮込み。で、基本的にはココット料理というか、スチューである）も愛している。

にしてもである。山椒の意味が昭和と逆転することで、江戸前のうな丼（伊勢丹店の中居さんは全員和服だ）が、中華料理にしか思えないというのは結構なカルチャーショックである。スウェーデン人コスプレイヤーが物凄く美しい、とか、そういう感じだろうか（全然違うと思う）。途中で冷たいウーロン茶を飲んだら（この「温い茶かウーロン茶」が、割烹での下戸の救世主として登場した日だって、僕は覚えている。それまで下戸の人々は、夏場、三ツ矢サイダーかコーラで懐石を喰っていたのだ）、舌全体が、ビリビリに痺れているのである。うおー!!

頭を働かせたら、キリがないだろう。伊勢丹に来る大陸からのお客様のこと、海外の料理が「洋食」という和食になって行くメタモルフォーゼや、幼少期からの走馬灯のような記憶。世界一食べ物が旨くなってしまった東京にも、不味いものや意味不明のものが沢山あった、昭和という時代。20世紀。山椒の歴史。「痺れる」という感覚が独立するような、何かの爛熟期。

しかし、僕の思考は完全に停止してしまった。「うな丼が中華料理に思える」という、かなりのトゥイストは、僕を、ちょっとどうかと思うぐらいに興奮させた。日本という静かで優しくて小さい国の、ささやかで美しい記憶など、踏みにじってどんどん進んで行く、大陸の英雄にでもなった気分で、僕は、うおーうおーと言いながら、大量の山椒をうな丼に振りかけ、大いに発奮した。うな重ではなく、うな丼だったのも功を奏したのだろう。

江戸情緒の粋で金儲けができると思っている官公庁に僕は賛成だ。それはかなり悪どい、ワイルドなやり方だからで、本当の粋人からは馬鹿にされている。しかし、いや、だからこそ、僕は粋人たちに、今こそ、舌が痺れる山椒をたっぷりかけた、このうな丼を喰わせたい。「どうすかお師匠はん。中国料理みたいでげしょう」とかなんとか言いながら。それは、銚子の女たちが、炎天下にふたつのバケツを足元に並べ、汗と鰻の血にまみれて、のたうちまわる鰻を、残虐というに吝かでない表情で笑いながら、どんどん捌いていた記憶としっかり結ばれていた。

我々の人生は、短い。とても短いのだ。僕は両親から、人としての教育をちゃんと受けていないので、ストリートで全てを学んだ。我々はワイルドでなければならない。短い人生を、大胆に楽しみ尽くさないといけないのである。しかし、街には育ちが良く、自制することによって生きてることの意味を見失っている人々でいっぱいだ。いま、物語があるとすれば、ワイルドな者が、自制の強い者を救うことだけしかない。僕はさらに山椒を振りかけ、結構な大きさの丼を空中に持ち上げてかっこんだ。僕の左腕にはヒンドゥー教の神鳥である、ガルーダの刺青が大きく入っている。僕は自分の刺青に「ほら！　お前も喰え！」と言いながら、目をぎらつかせて笑った。そこには、あらゆるアジアの歴史がデタラメに再編されている。

5　夏と精神科医たち　――2017年8月28日公開

残暑が厳しくてかき氷スタイルのアイスばかり喰っている。コンビニ菓子の発達は凄まじく、「こんなに旨くて良いのか？　もう少し不味くしてくれないとなあ」と思うほどだ。真夏に精神科の外来に行くのは悪くない。アイスを喰いながら向かい、丁度入り口のところで喰い終わるようにするのが楽しい。精神科医たちだって、夏はアイスを喰うはずだ。彼等はどんなアイスが好きなのだろうか。

15年前に不安神経症、いわゆるパニック障害を患って、精神分析治療を受けた（因みに、内気功による、愉気型の整体も並行していた）。上手い分析医で、何せ教育分析（精神分析医は、自分の精神を完全に把握するために、自分の教育者から分析を受けなければならない。これを教育分析という）をパリでフランス語で受けたという噂があり、おそらく、だが（風邪や花粉症のように、比べられる知人がいないので）、僕の症状の重さから鑑みるに、かなりの速度と深度で治ったと推測される。山手線の渋谷から恵比寿ひと駅が乗れなかったのに、翌年には成田からブエノスアイレスまで、つまり、最も遠い距離のフライトの往復をひとりでしていた。

分析治療は外来のカウンセリングのようなものではなく、治療用のオフィスのカウチに横になって、普段着の分析医にいろんなことを話す。数年間にわたるセッションは驚きの連続だったが、その、小説よりもはるかに奇なる内容自体は書くことも話すこともできない（ちょっと考えればおわかりになるだろうが、分析医にもクライアントにも相互的に守秘義務があるのだ。何せ嘘つきな僕が、一切の嘘をつかなかった唯一の人物である）。

分析がつつがなく終了すると、分析とは別に、なかなか寝付けない宵っ張りのタイプなので、常備薬として睡眠導入剤と簡単な安定剤を貰うようになった。分析医は曜日によっては精神科で外来患者を診ていて（どっちが本業で、どっちがバイトだか、15年の付き合いだがまだわからない）、その時は白衣を着て気さくになる。彼は音楽や絵画など、芸術を愛好しているようで、僕は自分の著作とCDが出来ると必ず外来の時に謹呈する。彼は、そんなに気さくで大丈夫なのか？　と思ってしまうほど普通に嬉しそうに喜ぶ。たまに感想を言うことがあって、なんか音楽マニアの叔父のように的確なので、奇妙な気分である。

一方、僕は、ほぼほぼタレントである精神科医と、タレントこそやらないが、精神科医というよりサブカル全般を網羅する著述家として一般的に知られている人物と、友人とまでは言わないが、知人程度とは充分言える付き合いがある。前者は隔月でトークイベントをしているし、後者は僕が参加しているバンドのファンで、ライブの度に客席にいる。

若干のマニアならば、もう誰だか特定できてしまうだろうし、当てずっぽうをまことしやかに書くことになんの抵抗もない人々でSNSはいっぱいだろうけど、まあその、それが誰かは今関係ないんですよ、これはエッセイで、このしつこい残暑をちょっと涼やかにすればそれで良いのだから。コンビニのアイスのように。といってウインクでもするしかないのだが、前者が、今年に入ってから「歌手になりたくて練習をしている」と言い出し、イベントではもう2回もライブを披露した。

ライブと言っても、バンドが出るわけではない。彼の歌の先生が書いた楽譜と練習音源をもらって、僕がピアノで伴奏するのである。作詞も作曲も彼がやるのだが、そうした、テキストに還元できる情報よりも、歌を歌わせ、それを伴奏する、という、強く身体コミュニケーションの側面を持つ行為（僕も彼も一応はヘテロなので躊躇なく書くが、それはセックスに、そこそこ似ている）の方が、はるかに近い、何に、だって？　精神分析に決まっているではないか。

伴奏行為は、何せパリのコンセルヴァトウール（音大）では、伴奏科が最も難しく、修業が苛烈だというほどで、非常に説得力がある。因みにかのミシェル・ルグランはここの出身である。でないと、ゴダールとマイルスとジャック・ドゥミと（以下、綺羅星の如し数百名）仕事ができるわけがない。

もうシンガーになっているので名前を出すが、入江陽という鬼才がいて、本当に歌がうまい。

特に高音のピッチは「冷酷」というほど正確で、オペラ歌手のようだ。彼は元・精神科医である。4段落前にちらと名前が出た「サブカル批評としての方が一般的」である精神科医は、最近、外来をやめ、違った形の治療スタイルに移行すると聞いたが、それよりも何よりも、彼がアマチュアのオペラ歌手として、物凄い歌唱力である、と、共通の知人（4段落前の、「僕が参加しているバンド」のリーダー）に聞いた。近代の作品である、難易度の高いアリアを、「一音も外してなかったよ。驚いた」と知人は言っていた。

以下、ギリギリなので、もし不都合があったらカットして欲しいのだが、彼の伴奏者は、彼の奥様なのである。素敵ではないか。それって教育分析再び？　そして精神科医たちは、僕が知る限りでは音楽、特に歌が好きで、場合によっては自分で歌って、ちょっとしたプロよりも上手いのである（僕が伴奏している彼は、まだビギナーなので……まあその……まだビギナーだが・笑・意欲と没入度は間違いない）。

突然だが、夏ほど歌を歌うのに過酷な季節はない。冷房は一点張りで喉に攻撃を仕掛けてくるし、頭部や胸部に残熱があると、そもそも歌を歌おうという意欲が削がれるし、最悪、音程感を保つための様々な器官がヤラれることも多い。冷房を逃れて炎天下で日傘の下で歌う。というわけにもいかない（因みに、春が一番良い。サマーソングがおしなべて調子良いのは、春に録音するからである）。所謂「夏フェス」のライブ盤というのが少ないのは、権利関係とか、業界の慣習というより、演奏も歌もかなり荒れるからだと思う。

精神分析学のオリジネーターであるフロイドは、あっという間に臨床治療用であることを超え、絵画や小説、映画などの芸術分析や宗教文化の分析などにスキルの対象を拡大したが、本人は音楽について完全にギブアップしている。なんせ、自分がなんで、モーツァルトの通俗的な8小節しか楽しめず、現代音楽などの、いかにも病跡学の素材になりそうなものの意味が全くわからないのか、そもそも、通俗的な8小節になぜ心惹かれるのかのメカニズムが全くわからないことをカムアウトした手紙が出てきており、そこには「患者である音楽家に相談した」という事実まで残されている。

この夏、精神科医の歌の伴奏をしながら僕は、「ほかのみんなも聴いたり歌ったりしているのかな?」と考えていた。当たり前だが、精神科医だって、精神分析医だって、好きな音楽を聴いて胸を熱くしたり、時には情熱的に歌い上げているかもしれないのだ。我々と同じように。そして、彼らはアイスをどうしているのだろうか? かき氷スタイルのカップアイスを木製のスプーンでシャリシャリ言わせながら、良い気分で好きな歌を口ずさんでいたりするのだろうか? 猛暑での治療や分析というのは、演奏のように過酷なものなのだろうか? それともフロイドに倣い、何故、通俗的な音楽が好きになるのだという自己分析に挫折し続け、音楽家に相談しているのだろうか?

6　メルカリって（汗）

——2017年9月28日公開

年の離れた妻（※当時）がやっていなかったら、メルカリのことなんて一生知らなかったと断言できる。厳密には「メルカリってなんだ?・」と、死ぬまで思っていたに違いない。公定歩合やオフサイドと同じだ。言葉の意味が全くわからない。

2004年に、歌舞伎町に住みだした頃だ。僕は突如として「レディスを身につける」ことに目覚めた。女装のことじゃない。サイズの話だ。ブラウスとか、ジャージとか、レディスのLを身につけるのである。

今では結構当たり前のことになっている（逆もありますよね）。僕は身長が167cm、足の大きさが24・5cmで、いわゆる短軀コンプレックスなのだが、何がすごいって手首である。僕は、知り合いの女性で、小学生より年長である限り、僕より手首が細い女性と出会ったことがない。

当時、今より体重も10kg近く少なかったが、人間、手首の太さはそう簡単に変わらない。日本は治安が良いが、仕事で海外に行き、飲み屋で喧嘩に巻き込まれたらもうおしまいだ。映画なんかを見ると喧嘩はいきなり顔面を殴りつけたりするが、あれは擬闘であって、実際の喧嘩は、胸ぐらや肩を摑むところから始まる。手首もよく摑まれる部位である。摑まれた直後に捻られる。

ドイツで、2メートルぐらいあるバーのバウンサーと仲良くなって、「なあ？　俺の手首、お前だったら片手で握り潰せるだろ？」と言って実際に摑ませたら、「片手もいらない。捻って良いんだったら、親指と人差し指の2本で俺はお前の肘の骨を砕ける」と言われた。はははははははは。乾杯（ビールで）。

それによってまあ、護身術というか、基本的には自分の親指を使うが、フォークや割り箸や、時にはだんごの串までを使って、人の目や耳、鼻の穴に細長いものを差し込む技術を発達させざるを得なかったのだが、それは兎も角、そういう具合で、僕はロレックスだのオメガだのミュラーだのは一生諦めている、というか、そもそも着ける気がしない（今何着けてるかって？　タイム・ウィル・テルのプラスティックとゴムのやつですよ。真っ白がヒップホップぽくて良いのですよ）。

その時にクリスチャン・ディオールのレディスの腕時計を買った。今はなき、紀伊國屋書店の裏の貴金属専門質屋で一目惚れしたのだ。

正式な商品名は「ディオール66」という。質屋の若い女性店員は「これは、1966年のフランス映画に出てくる、有名なハーレーダヴィッドソンのチェーンを模したデザインなんです」と言った。

上京したばかりの店員さんの丸暗記だからしょうがないが、僕はそれが、仏英合作の『あの胸にもういちど』のことで、一時期はある種のフェティッシュのアイコンだった、マリアンヌ・フェイスフルがバイク（ハーレーだけではない）に乗りまくるために、裸の上に直接着るレザーのジャンプスーツ（このフェティッシュは、『エイリアン』第1作のシガニー・ウィーバーやら、『キル・ビル』のユマ・サーマンやらに継承されている）が有名な、バイクエロ映画で、1968年の映画だから数字が微妙に合わないんだが、まあ2年ぐらいの誤差なんてどうでも良い。この時のマリアンヌ・フェイスフルが、一説によればルパン三世の峰不二子の……と、話が全然進まない。

重症の一目惚れをした僕は、確か4万円で購入した。レディスなのに、さらにチェーンをふたつ分外して、ジャストフィットした時の官能は忘れられない。そしてもし防水だったら風呂の中でも、寝る時でも着けっぱなし、といった勢いで、身に着けに着けまくり、3カ月で紛失した。重症の一目惚れの結果としては、妥当なものだ。フロイドで言えば、強迫である。思い当たる節もない。部屋中捜してもどこにもない、神隠しのように忽然と消えた。

哀れで情熱的な僕は、彼女を探し求めた。同じ質屋から始まり、質流れの雑誌を読みあさり、東京中、全国各地の質屋、ディオールの路面店、新宿2丁目のバーのママ、手を尽くせる場所は全部あたったが、2〜3年見つからなかった。僕は驚くべきことに、ディオールの日本オフィスに電話までかけた。

とうとう僕は諦めた。SNSはなかったし、Amazonも確かなかった。ヤフオクぐらいあったかも知れないが、やり方がわからなかった。僕はミクシィの段階から乗り遅れたまま、現在は様々な理由から、アンチSNS、アンチAmazonの立場を標榜している。大きなハートと検索力を持てば、どんな探し物だって簡単に見つかる時代なのだろう。

代役のメゾンは多岐に及んだ。シャネル、グッチ、フォリフォリ、彼女たちは全員、最初の女性を思い出させるだけの拷問具になった。

そして拷問さえも終わって生活に最悪の安らぎが戻ったある日、僕と同じくアンチSNSだった妻が、やたらとスマホをいじり始めたので、何をやっているかと聞くと、メル（以下、察しがつくだろうから省略）。

「ディオール66っていう、バイクのチェーンの格好した腕時計なんだけど」「そんなの一発で出てくるわよ」「まさかあ（笑）」

一発で出てきた。しかも、何個も何個も。なんだそれメルカリって、なんの略だか知らないけど、「メチルホスホン酸カリウム」だろうか、「メールで借りる」の意味だろうか？「フィンランド語で〈個人商店〉」とかなんとか？　っていうか、検索すればいいのだ。しないけれども。いずれにしたっておっそろしいな。じゃあ、じゃあさ、あのね、これもむっかーしのモデルで、今してる人見たことないんだけど、ドルチェ&ガッバーナの、文字盤がピンクの、周りにスワロフスキのついた……「これじゃない？」「そうだ！　うわー！　何個も何個も!!」

もう一度言うが、僕はＳＮＳに先駆ける、巨大掲示板やミクシィから乗り遅れていて「自分の公式ウェブサイト」にしがみついているうちに時代に完全に乗り遅れた遅刻者だ。メルカリのメディアとしての勘所なんてわかるわけがない。初めてアフリカに行ったポーランド人のようなものだろう。この例えには意味はないが。メルカリって、そもそもどこにあるの？　ノルウェーですと言われても台湾ですと言われても、福島ですと言われても納得するしかない。

僕は、13年前に恋い焦がれたのだ。そして手に入れたのだ。そしてすぐに失ったのだ。そして寝食も忘れて探しまくったのだ。そして、とうとう諦めたのだ。わかるかねＳＮＳ社会に住むルーディ。このむせかえるようなロマンティシズムが。間違い電話や、たずね人や、猫探しのイラストが電柱に貼ってあったのだ、犬は電柱に尿をかけた。そもそも電柱だ。電柱が社会構造に組み込まれていたのだ。昭和という時代は。

ロマンもプライドもカシャリと砕ける音がした。僕は購入ボタンを押せずにいた。もし、万が一押してしまい、無事に届いた暁には、「コメント」はこの連載のＵＲＬを貼り付けることにする。

もう一生会えない、追憶の中にだけ生きる筈だった、失われた恋人が、ぞろぞろスマホの画面の中に出てくるという手酷さ、それを買わずにはいられない自分、買って嬉しいかどうかすら予想できない自分。僕は「メルカリって盗品は売れないよね」と妻に言い「え？　まさかあなた、これを、自分が盗まれたものだとでも？」と、引かれるしかなかった。そして、猛然と襲ってくる「そ、そしたら俺の部屋にあるあれとこれとこれが売れるはずだ。山ほどあんぞそんなもん」という業火のような欲望に対し、消防士のような必死の消火活動を続けているままである。それはきっと、ディオール66が再びこの細すぎる手首に巻かれた時に、どちらかに転ぶだろう。購入ボタンは、まだ押せていない。（※後日、押した）

7　410円時代（後の世は言うだろう）

――2017年10月30日公開

タクシーに一日何回乗りますか？　僕は平均で10回である。音楽家であると同時に自分の事務所の代表取締役なので、まあ、事務所のワゴン車（あまりに汎用車なので、言ってしまっても構わない。前はエルグランドに乗っていたのだが、こないだアルファードに替えた。ある日、TBSで収録があって、いつものように地下駐車場に車を停めたら、一台残らず、見渡す限り全部アルファードだったので、思わず笑った。トヨタのショーケースのようだ。国民の皆さん、日本ではあらゆるタレントさんがアルファードに乗っています!!）があり、マネージャー（であり、取締役。会社はふたりでやっている）が運転するから、現場の行き帰りはタクシー要らずなのだが、プライヴェートで乗りまくるので、トートバックの領収書入れのポケットは、タクシーの領収書でいつでもパンパンである。

要するにアウトドア派でも、かといってインドア派でもなく、移動性の街遊び派＝アウト・トゥー・インドア派、とか言うしかない。その日の仕事が終わったら、バーからトラットリアから次のバー、もしくはファミレスへ。日によってはシネコンのレイトとか、友達の深夜のライブが割り込んだりする。意味もなく首都高を飛ばしたり楽勝だね。SNSとゲームをやらない日本人は時間が余って仕方がない。この素晴らしい時間が夜遊び文化的に有効な黄金なのか、時代に遅れていることを負債のように刻々と計上している情報貧者度カウンターなのか、いまひとつわかっていない。

そもそも運転免許は持っていないし、電車は1998年以来、路線がわからないので乗れない。と、これは典型的な鶏と卵の逆転で、夜中に狭い街中をちょいちょい移動しながら、飯を食ったり酒を飲んだり映画を観たり散歩したりしたかったら、東京では免許は取らない方が良いし（＝車は買わない方が良い）、電車に乗れない方が良い。

こうした暮らしは大体2004年に歌舞伎町に越して来た辺りから始まっているので、13年越しになるが、とにかくタクシーが僕の自家用車であり、愛車である。

副業でラジオのパーソナリティをやっている。もう7年近くやっていると、かなりの頻度で「あのう、ラジオ番組やってますよねえ？」といった声のかけられ方をする。未だにラジオは、孤独な人々とタクシー運転手のものなのかもしれない（いきなり凄く脱線するけど、懐かしいなあ、ワンセグ時代の到来時に、運転手たちは絶対に一瞬、「ラジオ流しっぱなし」から「テレビつけっぱなし」にシフトしようとしていたよね。あんなんさすがに無理だったわけだが、人間はテクノロジーを前にそのぐらいの無茶をするのである）。

〈気づかれてないと思って、好き放題に振舞って、降り際に〈キクチさんですよね、いつも聴いてます〉と言われるのが一番心臓に悪いからやめてください（テレビタレントさんはこのドキドキはない。面が割れてるから）」的な、よくある話をしようというのではない。恐怖の時代である「410円時代」について、誰も声高に分析しないのは何故だろうか（されまくっているかもしれない。ネットで）？

世事に疎い、というか、社会派的な脳がない僕は、最初は単純に喜んでいた。「俺のための料金改定じゃん」ぐらいに思っていたのだ。だって、新宿3丁目のバーで飲んで、代々木上原の和食に行って、一度御苑前の事務所に戻って、楽器を取ってから2丁目のバーに行って酔い覚ましに一杯やって、初台の貸しスタジオで練習をし、事務所に戻って、それから自宅（近所）に戻る。ずっと「基本料金が半額にならねえかなあ」と思っていたのである。

そして、タクシーに月額いくら払っているか、一度も計算したことがないし、これからもしないと思うので、「ぐっと減った」のか「大して変わりない」のか「恐るべきことに、むしろ増えた」のかは、一生わからないし、別にどれだって良い。10倍になっていたり、10分の1になっていたりしたら、さすがにちょっと驚かないでもないが。

それよりも、これは明らかに「410円時代」という、ある時代の産物であると信じたいのだが、タクシー運転手の質が下がったと僕は思う。

昔から悪い運転手やダメな運転手はいたよ。とか、いや、すげえ頑張ってるしっかりした運転手さんが増えた気がするけど。という反論が予測される。前者に対しては「あんま乗ってないでしょう？　今」、後者に対しては「目立つようになったんだよ。平均値が下がったから」という再反論を用意しているが、それよりもこれはどうだろうか？

「410円時代の前の時代と比べて〈すみません、新人なので（或いは「ここら辺、あんま詳しくないんで」）道がわからないので、教えてもらえますか？〉という発言をする時、彼らの罪悪感のようなものが低下している」

どうすかどうすか？　少なくとも僕の経験則では間違いない。一日10回平均乗っているユーザーの言うことだ、というのが、論理的な決定打にならないのは解っているけれども、一応言っておく。

新宿通り沿いで拾って「このまま新宿通り真っ直ぐで、伊勢丹まで行ってください」と言って「え？　し、新宿通り……」「あ、新宿通りわからない？」「……はい……すみません」「ここ、今、走っているとこ」「はい」「これを伊勢丹まで、このまま真っ直ぐです」「え？　い、い、伊勢……」といった、落語の与太郎のような人は、確かに昔から一定数いて、変わりがないように見えるし、ろくすっぽ返事もしないか、ものすごい小さな声でしか返事しないか、あらゆる異様な態度をとる運転手の増加は、410円時代の産物というより、コミュニケーション障害時代の産物とする方が正しいだろう。コミュ障どころではない、重症のヒステリー発作や人格障害者ではないかという運転手の増加も、410円時代というよりは、現代病としての、国際的な人格障害時代の産物、と言うべきだ絶対。現代のベストとでも言うべき、こうした病理の蔓延は、そこかしこに見出せるだろう。

しかし、ほかの職種になくて、タクシー運転手にだけある、テクニカルタームみたいなものがある。それが「私、新人なんで、道わからないんで教えてください」と「私、ここら辺あんまり来ないんで道わからないんですけど良いですか?」であることは言うまでもない。

しかし、いかにコミュ障蔓延時代であろうとも、スタジオで音楽を作っていて、ヴァイオリン奏者が必要になったので、電話でスタジオミュージシャンのヴァイオリン奏者を呼んだら、スタジオに入るなり「私、新人なんで(以下略)」「私、普段、ピアノばっかり弾いて(以下略)」という事は絶対にない。デパートのサングラス屋の販売員に(大きく以下略)。

「いやあ、そんな運転手、昔からいたよお」とか「いや、ナビ積んでるでしょ? 今は、住所言えばいいだけじゃん」というお方、あなたはタクシーに乗らない人だ。現場には現場でしかわからない、叩き上げの経験則があるのである。しかも私は、90年代から世界中をツアーで回り、世界中のタクシーに乗って、日本のタクシーが、ロンドン市内のそれとまでは言わないものの、かなりの水準にあることを痛感してきたのである。

410円時代になってから、彼らがこのセリフを吐く時の罪悪感の平均値は、著しく下がっている。これは間違いない。平然と言うようになった。今、このセリフを言う時、本当に申し訳ない、恥ずかしながら、と頭を掻きながら（実際に掻くかどうかの話ではない）眉間にしわを寄せるタクシー運転手なんて、いないのではないか？　ついでに言うと、410円で降車する際、領収書を出さない態で黙っている運転手も増えた。なんだろうか？　タクシーでこまめに移動するような暮らしなのに410円ぽっち、領収書なんか欲しがる奴は貧乏性だとでもいう感じ？　それはないよね？　逆よねそれ。ああ、納得いかない。

因果律は全くわからない。基本料金が410円になると、彼らは実入りが減るのだろうか？　それでイライラしている、あるいはしらけてしまっている、あるいは410という数に、魔法の何かがあるのか（430円になったら途端に元に戻ったりして）？　私は基本的に、外交的には、とするが、鳩派である。しかし、月に1、2回は「車載カメラがあるからって、なんでもねえぞあんなもん。すでにここまで写ってる分でお前は無職だ」というセリフを吐いているし（あ、「車載カメラ搭載の時代」の産物？　今更？）、デジタルカメラで運転手のIDカードをこれ見よがしに撮影し、エコーカードを、ババ抜きの時のように、大きな身振りで抜いて見せたりもしている。こんなこと、1回もしたことないよ、730円時代は。

しかしである。驚くべきことに、私は現状を憂いているのではない。日本人は、来るべきオリンピックに向けて、あらゆる国家からやってくる観光客への上級対応を行うとしながら、心ではそうしたいそうしたい、と無心に願いながら、どうしてもくじけてしまうという時間を過ごしている。自分との闘いとはこれのことだ。ある意味日本は、「観光客に対して頑張ったりくじけたりを繰り返す時代」なのだと言えよう。僕が外国人観光客と間違われやすい。という話ではない。くじけてしまった心が、人をぞんざいさに導いてしまうなんてことは、当たり前のことではないだろうか？

つまりこういうことだ。単純に言って、日本にはもっともっと移民が必要である。コンビニや居酒屋で、もう慣れてきたはずだ。ニューヨークやパリのように、イミグランツのタクシードライヴァーが当たり前になれば、顧客と運転手とのコミュニケーションの形は根底から変わる（水準の上下ではなく）。そして、有能な運転手の有能さが際立つのである（「日本人は優秀」と言ってるのではないぞ念のため）。複合的な「４１０円時代」には、あくまで僕好みの、ではあるが、解決、どころか、反転、逆転の兆しが見えているのだ。良いじゃん、しばらくくじけていようぜ。

8　ブルータスと読売新聞（相互関係なし）

――２０１７年11月27日公開

今からふたつのメディアを褒める。これはもう絶対的に手放しでムチャクチャ褒めているので、両メディアには大いに気を良くしてもらいたい。前者なんか、報奨金をもらいたいぐらいだ。

だが、嗚呼、なんということだろうか、人々の心を被害妄想という恐ろしい症状に陥れるべく設計され、しかも、被害妄想の症状が持つ魅力を阿片のように民にばら撒き、あまつさえ依存症にさせてしまう人類死滅のための最終ドラッグ、ＳＮＳによって（アドラーによれば、人の心は放っておけばより強い刺激を求める。刺激のない世界は死をイメージさせるからだが、まあそういったメカニズムによって、ネットで嫌な目にあうと、人はネットをやめられなくなる）、以下の文章は、称賛に見せかけた皮肉もしくは嘲笑だと解釈されてしまうだろう。そのうち、ネットに「あいつ最高」と書かれるだけで、人は取り返しがつかないほど激しく傷つくようになるのだ。

だが信用してほしい、僕はＳＮＳとゲームと漫画とアニメは嗜まない。全くクールではないジャパニーズなのだ。

（1）『ブルータス』

『ブルータス』という雑誌の最新号（859号）の映画特集は、企画がものすごく素晴らしい。もともとブルータスは、シンプルな特集素材を、卓越したアイデアと、品位さえ感じさせるエッジなセンスによって、日本の雑誌文化の水準を高く保つ牽引力を誇っている。

今回は単に「映画」という、雑誌の特集対象としては、あまりに手垢にまみれすぎて、却って手がきれいになってしまったぐらいの物件であるが、ここでは「いまさら観てないとは言えない映画」という素晴らしいアイデアを投入し、著名人に、「観ていない名作」を挙げさせ、それについてのコラムを書かせている。こんな面白いものがあるか。

中でも、かの渋谷直角に、黒澤明の作品を実は一作も観たことがないことをカムアウトさせた上で、『羅生門』を観せ、感動させる、というプロセスを、渋谷自身に漫画の形で描かせる部分は値千金で、金の鉱脈や宝の山をあえて素通りしてきた、という、情報過多時代の現代人が誰でも通奏的に持っているであろう、奇妙な罪悪感のようなものを見事に描いている。「ごめんよ明〜!!」と、感動で泣きながら黒澤の似顔絵に抱きつく渋谷、のコマに心を動かされない現代人はいないだろう。

また、特集の脇には「観たことがない映画のタイトルだけ見せて、どんな映画か予想させる」という、これまたキラリと光る企画が添えられており、ここ数年で、雑誌が特集として映画を扱ったものの中で屈指のクオリティを示している。

と、唐突だが、以下は今から8年前、2009年に書かれた文章を引用する。『ユングのサウンドトラック』という映画批評書の、まえがきの一部を抜粋である。この書物は、映画音楽に特化した映画批評書であり、著者は、音楽家であり著述家の菊地成孔氏、なんと驚くべきことに、僕自身なのであった。

——（前略）とはいえ、いささか唐突ですが、21世紀の映画論というものがあるとしたら、「観たか観てないか」というよりも（ちょっと精神分析めきますが）「間違いなく観たけれども全く覚えてない」とか、「観ていないのに観た気になっている」と言った領域、つまり、もし覚えていないのなら、なぜ、どこを覚えていないとか、観てもいないのに観たことになっている映画、というものがあるとするならば、じゃあその映画は、頭の中で、どう映っているか？　といった話が面白くなってくると思いますし、あと、特に評論家やマニアは、「何を観ているか」と同時に、「何を観ていないか」を表明する時代じゃないかと思います。

文学だって音楽だって、なんだって同じことが言えますけど、これだけ歴史が長くなってくると、「前提として観ていることにされてしまいがち」な、古典的名作アーカイヴの中から、自分に何が欠損しているか、その、言わば「マイナス経験の名作アーカイヴ」を作成して公開するのは、単純にとても面白いし、「あれも見たこれも知ってる。こんなにコレクションがある」というった、20世紀的なペダンチックで加算式の履歴、つまり「攻める／誇るプロフィール」という、強度一辺倒で情報過多的な自己披瀝の蔓延による、慢性疲労を快癒してくれるし、他にも様々な可能性を感じるんですが（因みに私のそれには『天井桟敷の人々』、『自転車泥棒』、『無防備都市』、『レザボア・ドッグス』、『マトリックス』等が含まれます）、こういう楽しそうな話はついつい止まらなくなりますし（後略）——

「ブルータス！ 企画のたたき台にするなら、金くれとは言わないが、一報ぐらい寄越せよ！8年前のだからってトボけるとヤケドすんぞ!!」とは言わない。同じアイデアを別人が抱く可能性は皆無ではないどころか、ユングによれば、着想／クリエイティヴィティは集合無意識的に共有されているのだから。というより、これは古いネット用語である「釣り」なのではないか？僕は、『ブルータス』最新号の宣伝を、無償で買って出ている。いや、買って出させられるように誘導されて……と、こんな考えは典型的な被害妄想の症状である。だが信用してほしい、僕はSNSとゲームと漫画とアニメは嗜まない。全くクールではないジャパニーズなのだ。被害妄想症など微塵も持っていないのである。ブルータスの企画力に拍手を。

（2）『読売新聞』

実際に手に取ったのが読売だっただけであって、新聞であれば毎日でも朝日でもなんでも良いと思われる。僕は、学童低学年時代に、ラテ欄を読むためだけに新聞を熟読し、ある日それをやめた。嫌になったとか、何かの強烈なきっかけがあったわけではない。おそらく、だが、『TVガイド』や『ザ・テレビジョン』が、相次いで創刊されたからだろう。

以降、約40年間、僕は紙でできている新聞、を触ったこともなかった（だけではなく、ネットニュースも一切読まないので、社会時事の情報源は未だにテレビ地上波のニュースだけである。「東京スポーツ」のみ例外）。前述の通り、それは新聞というメディアに対して批判的であるとか、あるいは逆に（それは、「渋谷直角に於ける黒澤明監督作品」のような意味で）魅力的すぎるように思われて恐ろしかった、といったことではない。人間は、何かの小さなきっかけで、常連だった店に行かなくなり、その場合は、高い確率で、一生行かないままか、あるいはかなりの長きにわたって行かず、久しぶりで行ってみたところ……というルーティンが用意されている。

ある日、ディナータイムが深夜3～4時であることが当たり前の僕に、ちょっと仕事が混んだおかげで、その日の最初の食事が早朝5時になる、という日があった（数カ月に一回の確率で起こること）。ジョナサン中野通り店でビーフシチューオムライスをアンバサメロン緑（オリジナルのノンアルコールカクテルの名前。アンバサ5、爽健美茶4・8、メロンソーダをワンプッシュ。必ずオンザロックにすること。ものすごく美味い）でやっていると、全テーブルに読売新聞が配られた。モーニングメニューを食べに来る、主に地域住民の、主にオーヴァー70の方々へのサーヴィスなのだろう。

読む気もなく僕はとりあえず手に取った。長年使わなかったメディアというのは、何気なくスムースにアクセスなどしない、というか出来ないのが人間の身体性である。よっぽどの切羽が詰まらない限り。

僕の内部で何が切羽詰まったのかはわからない（外部には、全く思い当たる節がない）、しかし僕は、気がつくと、ハゲタカが大きく翼を広げるような悠々たる仕草で、40年ぶりで新聞を広げていた。

目に入ってきたのは「気流」という名の、読者投稿ページである。そしてそのページには、幾つもの記事が挿入されていた。

ドン・キホーテのような圧縮陳列とも、シャガールの絵のような無重力で自由な画面構成とも、数億年の歴史を持つ南米の岸壁の切断面とも、新聞の一般的なページ構成とも言うべき、無秩序ギリギリでありながら、その実素晴らしいバランス感覚とデザイン感覚に満ち、目をはじめとした、五感に優しく、啓示性と親和性、実用性に満ち満ちた、その記事群を列記するならば「よみうり時事川柳」「時代の証言者〜カンムリワシの闘い／具志堅用高」「連載小説〈黄金夜界〉作…橋本治」、そして基底部には高さ15センチに及ぼうかという、商品広告。それは「あなたの着物・帯、満足価格で買い取ります」というもので、和装に扇子を広げ、満面の笑みを浮かべた坂上忍の写真が控えめに掲げられている。

時事川柳の「秀」（因みにこれは最優秀の意味であり、掲載六句のうち、一句にだけ冠されている）作は

「平等は紳士淑女より高貴」

選者の片山一弘のひとこと講評には「日本語では、もともと〈皆さん〉で、済むのにね」とある。時事問題に疎い僕には一言も理解できず、暗号か外国語、もしくは前衛小説のようで、心底うっとりした。

最も「うっとり感」つまり、健康的な官能が強かったページは「東証一部」と「ジャスダック」の一覧である。「こんなちっせえ字（本当に、米粒に書かれた般若心経のように小さい）、顕微鏡使わねえと読めねえよ！　だはははははは！」と一瞬思いながら、実際に読んでみると、恐ろ

しいことに全文が綺麗にスラスラ読めてしまうのである（ちなみに僕は54歳にして強い老眼で、遠近両用の眼鏡を使用しているが、周到な視力検査の元に作られたそれを使っても、CDのライナーノートを読む際には眉間に皺を寄せ、四苦八苦である）。新聞紙とインクと文字組には、レーシック等の先端技術を遥かに超えた、何らかの技法が施されているとしか思えない。何度読んでも、それは錯覚でなく、実際にスラスラ読めるのであった。

なんだろうかこの清涼感と安心感、混迷する現代社会で起こっていることの全てが1時間で完全に理解できるほどの情報量の、胃に軽いこと軽いこと、どんな惨たらしい記事も、どんな怪しげな広告も、全くそれが気にならない。

この「気にならない」感がもたらす、極限的とも言える癒しの感覚は、「何もかもが気になってしょうがない」ネットのメディア感と双璧をなし、僕は数時間の間、恍惚として読みふけった。積極的に読もうとしなくとも、文字の方が、泉の水のように極めてスムースに目に入ってきて、頭の中に流れては収まる。面白い小説を読むと、その世界に入り込んでしまうような感覚を味わうが、僕は、やがて日が昇り、周囲の客席が、杖をついたり、補聴器を当てたり、人工肛門のようなものをつけていたりする老人たちでいっぱいになるまで、読売新聞の中に入り込んでいた。

僕は新聞を取ることにした（知人に言ったら「何新聞かは絶対原稿に書くな」ときつく言われたので書かないが）。はっきりとわかる。新聞は僕の世界観を変え、日常的な知性と身体性を一変させるだろう。

しかし、この感覚は、実は未知ではなくすっかり既知のものだ。僕は歌舞伎と相撲が大好きで、都合がつく限り入場券を買い、歌舞伎座や国技館で会場鑑賞するのだが、全く同じ質の感覚が、まさか日々に届く新聞の中に充溢しているとは思わなんだ。独特の、生き生きした快癒感は、単なるノスタルジーとも、所謂レトロフューチュアル感覚とも全く違う。

サブカル誌としては老舗に価するものの、未だに雑誌媒体としては前線を走る『ブルータス』と、明治25年に第3種郵便物として認可された『読売新聞』。歴史は常に、その当時のユースが旧メディアから離れたとか、また支持し始めたとか、ヒステリックにがなりたてる。ヴァイナル（レコード盤）は、何度「再支持」されるのだろうか？　知性より偶発性や身体性の方が遥かに知的であるのは、歴史の反復性の構造を見る上でも有効である。僕は、ビーフシチューオムライスを食べ終えた腹で、モーニングセットを注文した。

9　2017とは？（特にここ数年全く変わらないが）

――2017年12月28日公開

私にとって「今年を総括する」という時、それはもう時事ネタではなくなってしまった。「あなたの〈今年を表す一文字〉は？」アホくさ。特に「北」とした人々。結構はっきり言うが、君たちは後先を考える。という能力をアプリかなんかの中に落としてきたか？　今年が「北」なら、来年も同じ理由で、ほぼ「北」だ。だったら。

考えが浅すぎないか？　再来年辺りには、「ものすげー北」とかになっちゃって、一文字では済まない。「今年を総括する一文字」は、芥川賞とかと同じで「今年は該当なし」もありにした方が面白い、絶対。まあ、「虎」にしたって、五十歩百歩だ。勿論、トランプのことである。「札」でも良いけれども、小賢しい感じは抜けない。トランプが実際に髪型をトランプのキングみたいにしている事のヤバさの、足元にも及ばない。

そして、ただ面白いだけで言えば、変わり雛のが面白い。一時期、変わり雛の株価は著しく下がったが、継続は力なり。昨年のことだが、テレビ番組の街頭インタビューで、自分は森進一のファンだという壮年の女性が、自分がいかに森進一のことを好きか語り、グッズもいろいろ見せて、止めに「写真も撮らせて貰った」と言って、デジタルカメラを出してきた。

果たして「ほら、これや」と言って彼女が出してきた写真は、なんと（驚きますよこのカッコ抜けたら）、変わり雛だった。彼女は雛人形の写真を、「これは森進一本人だ」と強弁し続けた。スタッフが笑いながら「本当に森さんですか？・」とか突っ込んだのだが、「そうや、見ればわかるやろ」と言って譲らない。私は涙を流して笑いながら、このまま笑い死ぬかと思った。この不条理な映像を私は一生忘れないだろう。この映像は、変わり雛がない限り絶対に存立し得ない。

流行語大賞も「インスタ映え」って、もう本当にどうにかしてくれ。「北」と違って、「来年もインスタ映え」ということはほぼほぼありえないので、「今年を象徴する」という意味ではかなり正しいが、正しかろうと嫌なものは嫌だ。え？　嫌な理由？　私は、ポルノグラフィやグラヴィア誌や水着写真集、というものに対して、貨幣や紙幣を払って育った人間である。PCがコロッケを、スマホが小さなビスケットを、各々インターネットによって、無料でユーザーに提供するようになったら、絶対に食費をゼロに抑える者たちが出てくる。最初は極論者的な行動者だった彼らも、そのうち、最強の当たり前になるのである。

え？　何を言ってるかわからない。それなら結構だ。なんか適当に検索でもしているが良い。モンゴル人の頭部が割れて、医療用ホチキスで止められた、中から別人が出てきそうなグロテスクアートみたいなやつ。あれはものすげえインスタ映えするぞ。SNSの世界に性善説はない。

法規制しない限り、そのうち、死にそうな顔、や、てひどい傷、や、キモチ悪いヌード、見たくもないドヤ顔、などの痛々しい全て、つまりインスタ映えのダークサイドの側面が爆発する。ミクシィの時も、ツイッターの時も、馬鹿どもは「荒れないんだよ今度のは！」と目を輝かせて私に言い、私は「命にかけていうが、1年以内に荒れて燃えてが当たり前になる」と言ったら、「お前性格悪いな」と言った。私の性格は良いとは言えないが、悪さに関して、あいつらの頭とは比べ物にはならない。

「クレージーキャッツがひとり、またひとりと亡くなってゆく。という時代」も、終わってしまった。犬塚弘さんだけが残ったのである。それはもう、数え終わったこととほぼほぼ同義である。悲しい時代だったが、時代を象徴することが悲しみであって悪いはずがない。そしてそれが終わった。

こうして、54歳の私にとって、「今年を象徴／総括する物事」は消え失せてしまった。レコード大賞も、とっくにどうでも良い。特に『あまちゃん　オープニングテーマ』が、最優秀作曲賞を受賞したあたりから、もう「いやあれは、誰がどう考えたって話題賞とかでしょ。『黒い花びら』から連綿と続く、日本歌謡界に於ける〈最優秀な作曲〉の意味、って、もうどうでもいいのか？　誰だ審査員は？」と心の奥底から問いのテレパシーを投げたら（友達が作ったから、気持ち的には嬉しいが、それとこれは別だ）、ちゃんと届いて、日本有線大賞がまずなくなった。レコード大賞も近いうちになくなるだろう。つまり、もうとっくに、「この一曲」もない。「俺のこの一曲」はあるが、問題は、それで満足できないことだ。恐るべきことに、個人が個人的な、ささやかな喜びより、国家的な共有を目指すインターネットファシズム傾向に、私は流されてしまっている。外気を吸っているから仕方がない。

数年前、「パンダの子の次の名前は、短いセンテンスの繰り返しにはしない（かも）」と上野が公言した時はかなり興奮した。あの興奮は忘れられないが、現状はご存知の通りである。漫才のチーム名ほど自由自在にしろとは言わないが、私の純情は私の予想を遥かに超えて期待しており、私は好きな女性に振られたぐらいの気持ちのままだ。パンダの名前が繰り返しになったことで、振られたぐらいの気持ちになっている日本人は、ひょっとして私だけかもしれない。宇宙で。

そんな私が現在、「ああ、今年も終わったな」と心から感慨に耽るのは、「今年も一年、スマホを買わずに過ごせた」ということだけになってしまった。敵はそこまで押し寄せて来ている。私にクリティカルヒットを打ち込み、陥落寸前まで追い込むのはシャザム（音声検索ソフト）だ。今の所、居酒屋で気になる音楽が流れてきた時は、同行者の誰かにシャザムで検索してもらい、それをペンでノートに書き写している。私はYouTubeとシャザムだけのボードが欲しいのだが、そういう事が現在のテクノロジーでは出来ないらしい。絶対に嘘だ。

「それはお前さ、チャーハンの中のネギだけ欲しい、と言っているようなもんだ（えっへん）」

と、わけ知り顔に言われた。こいつは、坂本龍馬が教科書からいなくなるかも、と言われて、「まあ、歴史の授業ってのは、現代から逆行してゆくのが良いに決まってるよな」と言って、ちょっとたじろぐほどドヤっていた。原理的に言って「歴史教育は現代から逆行」には、ほぼほぼ意味はない。というか、逆行は順行（現状）を呼び寄せることしかできない。順行が逆行を呼び寄せているように。

この程度の発想でドヤれるのが平均値である、インスタ映えする世の中と私は命がけで戦っている。スマホを買わないでいられるかどうかだ。この戦いは第二次大戦の名だたる消耗戦や激戦に近く、よしんば戦いが終わった後も私にはPTSDが残るだろう。私は「SNSをやらないと人はダサくなり、クリエイティヴィティは下がってしまうかどうか？」という人体実験を、自らの体を張って行っている。今年でこの戦いも10周年になった。ああ！　それが今年の!!!

2018年

流行語大賞「そだねー」

1月8日 晴れ着販売など行う会社「はれのひ」が突如休業 新成人に振り袖届かず
1月23日 群馬 草津町の草津白根山が噴火
2月9日 平昌冬季オリンピック・パラリンピック開幕
2月13日 将棋の羽生善治さんと囲碁の井山裕太さんに国民栄誉賞
2月28日 2020年東京五輪パラリンピックのマスコット決定
3月5日 米アカデミー賞メーキャップ・ヘアスタイリング賞 日本人が初受賞
3月31日 PHS 受け付け終了 歴史に幕
4月4日 京都 舞鶴での大相撲巡業で看護師の女性が土俵に上がったことが議論に
4月9日 サッカー日本代表ハリルホジッチ監督解任
5月7日 民進党と希望の党による「国民民主党」結成
5月16日 歌手 西城秀樹さん死去(63)
5月22日 アメフト危険タックル問題で日大選手会見
6月1日 非正規社員の賃金格差で最高裁が初判断
6月8日 『万引き家族』公開
6月12日 史上初の米朝首脳会談
6月13日 成人年齢 18歳に引き下げる改正民法成立
6月14日 サッカーW杯ロシア大会開幕 日本は決勝トーナメント1回戦敗退

6月18日　大阪府北部地震 M6・1 最大震度6弱
6月29日　「長崎と天草地方の潜伏キリシタン関連遺産」世界文化遺産登録決定
7月2日　羽生結弦さんに国民栄誉賞
7月6日　オウム真理教事件 松本智津夫元死刑囚ら死刑執行
7月23日　埼玉県熊谷市で観測史上 国内最高気温の41・1度
8月12日　大阪 富田林警察署から容疑者逃走
8月24日　アジア競技大会 競泳の池江璃花子が6冠
8月31日　沖縄県 辺野古沿岸部の埋め立て承認撤回
9月6日　北海道地震 M6・7 最大震度7
9月9日　テニス女子 大坂なおみ 全米オープン優勝
9月16日　歌手の安室奈美恵が引退
9月25日　大相撲 貴乃花親方が日本相撲協会に退職届
9月30日　沖縄県知事選で前衆議院議員の玉城デニー氏初当選
10月1日　京都大学特別教授 本庶佑氏 ノーベル医学・生理学賞
10月6日　東京都中央区の築地市場が83年の歴史に幕
11月2日　女性国家公務員の管理職登用 過去最高
11月12日　大リーグ エンゼルス 大谷翔平がア・リーグ新人王
11月19日　日産 ゴーン会長逮捕 金融商品取引法違反容疑
11月28日　中国でゲノム編集の赤ちゃん誕生か
12月8日　フィギュア女子 紀平梨花がGPファイナル初出場初優勝
12月14日　医学部入試で10大学が女子や浪人差別の〝不適切〟入試

10 アンチエイジングと凍結都市

——2018年2月1日公開

この、古典的ともいうべきイメージ（近代都市が、異常気象により完全に凍結してしまったら?）の、最初のものが、H・G・ウェルズによるものか、スウィフトによるものか小松左京によるものか、意外と最近のCG、VFX当たり前のハリウッド映画界によるものかは定かではないが、私個人はレイ・ブラッドベリだと良いな、と、凍結した新宿区を窓から眺めながら思っている次第。最初に断っておくが今回は途中から滑らかにフィクションです（H・G・ウエルズにリスペクトして）。「眺めながら」と書いたが、窓外をヴァンホーテンのココアでも飲みながら憂いの横顔で見つめている。等といった余裕綽々のものではない。私はインフルエンザA型（高熱の出る、キツい方のやつね）に罹患し、銃で撃たれたウサギのように動けなくなり、ただ首が向いている先が偶然窓外だったに過ぎない。偶然とはいえ、氷結都市の美しさと、うっすらした心地よい恐怖感は全く色褪せなかったが。

55歳の身体にインフルエンザのA型はキツい……と言っても、55歳ぐらいというのは、一番身体にばらつきがある年齢だそうだ。10歳や70歳になると、差は少ない。一方、50〜55歳というのは、もう60代みたいなのも、まだ20代みたいなのもいる（ものの考え方は全員バブルだけど……日本人に限りますよ）。

私はアンチエイジングに必死で、可処分所得の多くを費やしている人々に逆恨みを買うほど「歳より若く見える派」である。これは生みの母親と育ての母親というふたりの魔女が、いつまでも私が可愛い子供であるように、私にかけた呪いのせいだから致し方なく、よくある話だが、当人は嬉しくもなんともない。片方は死んだから、そろそろ呪いも解けるだろう。

一刻も早く、死ぬ直前のデニス・ホッパーやテレンス・スタンプ（存命だが）のようになりたいのだが、何せ32の時に、井の頭線・新代田の駅で財布を落としたら、駅員に、「ぼく！……ねえぼく！　大切なもの落としたよお〜！」と、洒落でもなんでもなく、ガチで言われたのである。彼は本当に子供に話しかける口調で、ニコニコしながら、手を「こっちこっち」みたいに、可愛く振っていたのである。

いかなその時の服装がアロハシャツにハーフパンツにサンダルだったとしても、私はすでに最初の結婚をしており、どう見ても駅員のが年下に見えた。

ついでだからもうひとつ。32の時に、旧東ドイツを、ドイツのプログレバンドと一緒にサーキットした時のことだ。彼らは全員私よりも年下だったが、全員私の父親に見えた。禿頭や肥満を差別する気は全くないが、ゲルマン系の老けっぷりというのは惚れ惚れするほどで、ハゲとビール腹の大男（ゲルマン系はラテン系と逆で、大男が多い）は、既に人生に疲れ果てていたように見えた。

1カ月ほど彼らと暮らしを共にしたが、30過ぎの私を、彼らはどうやら天才高校生ぐらいに思っていたのだと思う。最終日のライプツィヒ（ちなみにこの日、ジル・ドゥルーズが窓から投身自殺した。カフェで向かいの客が読んでいた新聞の一面に出ていた）に日本から妻（※当時）が来て、身長150㎝に満たず、面白い丸顔をした、面白いメイクと面白い格好をした妻を、彼らは、森のヘンテコな妖精か小鬼か何かかと思うしかなかったと思う。あの時の前妻は元祖ジャパンクールだった、と回想するにやぶさかではない。

彼女がニヤニヤしながら私と自分のパスポートを出した時の、爆発物が破裂したかのような騒ぎは忘れられない。それはドカーン！　という感じで、私の拙いドイツ語でも「うっわー！　見ろこれマジかよ！」「うおー！」「え？　え？　お前年上だったの俺たちの!!」「なんかの病気か？　だったら騒がないぞ俺は!!　悪いからな!!」「それにしてもうおー!!」「何なんだよ日本人!!」「これじゃドイツが先に滅ぶだろ」「トージョー！」「ジーザス！」「ハイルヒトラー！（勿論これは冗談である）」「お前の嫁、人間!?」と、はっきり聞き取れる騒ぎは5分以上止まらず、私は、旧東領ドレスデン出身の、この1カ月ものすごく寡黙だった彼らが、パリピのようにもう大騒ぎが止まらなくなっているのを楽しく、そしてぐったりと見ていたものだ。

そんな私も齢55を数えるにあたり、だんだんインフルエンザに罹患する割合が減ってきた。前回が5年前で、その前が更にその10年前である。その時など、40近いおっさんだったのにも拘わらず、気も体も20代ぐらいに若かったせいで、インフルエンザウイルスによって軽い意識障害を起こしたか、漫画「あしたのジョー」のスウェット上下を着て、救急病院で、呼ばれてもいないのに、どんどん検査室に入って行って、看護師3人に力ずくで追い出された。鼻の穴に検査用の細長い金属のアレを突っ込まれるのが好きなのである。うわ言のように「……鼻にあれを突っ込んで下さい。そうしないとわからないから……」と言い続けた。

今年の1月22日月曜日、東京23区は豪雪が降った。私は東京の雪をなめていて、傘も持たず、あまつさえ、フード付きのジャケットも着ないで、カシミヤのコートと毛糸の大きなストールを巻いただけで出かけてしまった。その姿で荻窪駅の北口の青梅街道沿いに立ち、新宿方面行きのタクシーを待ったら、ものの5分で私は雪柱になってしまった。

「やばいこのままでは凍死する！」「やべえやべえ雪なめてた!!」等と叫びながらも、雪というものは磁石をかました砂鉄のようにどんどんくっついて大きくなるので、あっという間に身長の2倍ぐらいの雪柱になった。

パチンコ屋のウインドウに映った自分の壮麗な美しさ、これぞ自然の作る芸術。やっとつかまったタクシーに乗り込む際、私はどさっという音と共に、まずは雪柱の部分を落として、中から自分が出てくるところを運転手に見せなくてはいけなかった。運転手は、タオルとティッシュペーパーの箱を私に投げつけながら「お客さん、危なかったっすねー(笑)」と思わず笑った。私は「危なかったよー、凍死するかと思った。もう手足の感覚全部ねえし!」と、「洒落になんないよ」的なトーンで言い返した。運転手とは意気投合して、新宿に無事着いたが「いやあ、お客さんはまだお若いから良いけど、50過ぎのお客様だったら、マジで命危なかったっすよね」と言ったので「オレ55だよ!!」と叫ぶと、「えええええええ(笑)! 嘘だあ(笑)! 4530円になります」と言われた。呪いについては、もうコメントはない。私は「カードで」と震える指先でクレジットカードを出した。

気も体も若い私にはとても若くて美しいガールフレンドがいて、我々はそのままラブホテルで集合した。互いに仕事が忙しい身だったが、あれよあれよという間に、互いの仕事はどんどん中止になっていった。つまり、数時間ちょっと会おうよ、の予定が、豪雪によって、ほぼ一晩中一緒にいられるようになったのである。

「やったね! 得した気分だね!!」とガールフレンドは、暖房を効かせまくった部屋で裸のまま、はしゃいでいた。裸のまま寝てしまい、起きてまた私に絡みついたりした。「凄い見て見てあの雪、うわー! SFみたい! こんな日に一緒にいられて嬉しい! お風呂入れて熱燗飲みたいね!」と、こんなまっとうなセリフがあるかというほどの見本的なセリフを言って、下着を着なおして、リアーナの曲をかけてストリップを踊ったりした。私は内心で「このツケは高くつくな」と思った。あまりに、図式的なまでに楽しすぎる。というか、私が憂慮したのは、楽しみ方が若すぎるのに比して、実際の年齢が全く追いついていないことだ。

しかし、そんなことを気にしてもしょうがない。「楽しすぎると怖くなる」なんて、20年前の古内東子の歌か、最近の10代の防衛機制（傷つかないように、あらかじめ悪く考えておくとか、そういう類の心的行為）の典型ではないか。窓の外は、明日以降確約される氷の星が建造中。そして私は、いくつに見えようと初老なのである。それが事実だ。

私は、四つん這いになって窓の外を見ている彼女の尻に嚙み付いて「痛い痛い痛い！　あはははははははは！」と言わせてからタックルのように下半身だけに抱きつき、それから全身で抱き合った。そして雪山遭難から無事救助され、彼女と手を振って別れた瞬間から発熱し、つばが飲めないほどの咽喉痛と眩暈、全身を貫く激しい痛みに見舞われ、その足で行きつけの内科医に行き、インフルエンザA型に罹患していることを知った。観測至上何年ぶりだかの寒い夜に、医者に向かう間、私の体は痙攣していた。つまり私は、久しぶりで大当たりを引いたのである。また若いまま、冷凍保存されたかね。

まあ、ちょうどいいかもね。こんなもんだろうね。これが俺だ。しかしいつまで呪いが続くのかなあ。もう解けてると思ってたんだけどなあ。街が完全に凍ってるや。何年ぶりこれ？　と思いながら、私は5日ほど気絶して、多くのかなり重要な仕事を飛ばしまくり、解凍されて現場に復帰するや否や、とんでもなく高くついたツケを猛烈な勢いで支払い始めた。この原稿はその第一弾である。ガキにはこのツケは払いきれまい。ふっふっふ（しつこいようですが、途中からシームレスにフィクションで、またシームレスにリアルに戻しています）。

11 ロンドンオリンピックと現在の英国の元気

——2018年2月28日公開

平昌オリンピックに沸く日々の中、『ウィンストン・チャーチル／ヒトラーから世界を救った男』という映画の試写に行ってきた。映画自体はとても面白く、史実に忠実な脚本なので、書いてもほぼネタバレにはならない、というか、厳密に言うと、「ほとんどの人が知っている歴史上の事実に、一点だけ、ほとんどの人が知らないエピソードが入っていて、それが映画のクライマックスになっている」というのが正しい。言うまでもないが、その部分に関しては書かない。

原題を『DARKEST HOUR』といい、1940年の5月9日から始まる。これはヒトラー率いるナチス・ドイツが東欧と北欧諸国を制圧し、これから英仏両国に侵攻するかどうかベルギー国境で待機する中、英国内閣不信任案が出され、チェンバレン首相の後任（言うまでもなくそれがチャーチル）探しが始まる。という日である。

ここから19日後の5月28日までが描かれる。5月28日は、チャーチルが、イタリアを仲介とするドイツとの和平交渉を決然と断り、歴史的に有名な演説とVサイン（二本指によるサインはチャーチルが作った）によって、議員たちから圧倒的な支持を受ける日である（のちの事実は字幕でフォローされるが、史実だから高校で習うことだ)。

文句があるとすれば、世界的な潮流としての嫌煙傾向と、アルコール依存症者に対する配慮か、葉巻のチェーンスモーカーであり、朝昼晩と種類の違う酒を大量に飲む習慣があったチャーチルの映画なのに、画面から全くタバコ感とウイスキー感がしなかった事、これはまあしょうがないとして、完全に対称的なパーソナリティーなのに、「演説の力にカリスマが宿っており、演説によって世界を変えてしまう2人の男」としてのヒトラーとチャーチルを、少なくとも演説シーンぐらいはシンメトリカルに描けばいいのに。と思ったぐらいで(ヒトラーはニュースフィルム以外では登場しない)、冒頭に書いた通り、映画は面白い。

ただ、今から余りにバカなことを書くが「でも、そもそもなんで今チャーチル?」という疑問が一瞬脳裏をよぎった。伝記映画が製作される理由なんて、思えば考えたこともないが、ちょっとモヤモヤした。

ひとつは、ついこの間までクリストファー・ノーランの『ダンケルク』が大ヒット公開中!だったせいもある。言うまでもないが、ダンケルクの戦いはチャーチルの一代記を描く場合のクライマックスでもあり、開戦は5月24日、当然この映画にも含まれている。

チャーチルは民間の船舶を海軍に集め、ダンケルク撤退に際し、約30万人の英国軍兵士を救出し、続く和平交渉の拒絶、徹底抗戦の表明によって、破竹の勢いだったナチス・ドイツの鼻っ柱を折って、結局勝利する。

要するに『ダンケルク』と『チャーチル』は、同時期に上映されたちょっとした2部作みたいな感じ（実際は全く関係ないが）に見えたからである。再度、「何故今、チャーチル？」

それと、チャーチル付きのタイピスト役がリリー・ジェイムスで、彼女は傑作『ベイビー・ドライバー』のヒロインである。『ベイビー・ドライバー』は、欧米では『ダンケルク』とほぼ同時期に公開された傑作クライムアクション・ミュージカルで（どう「ミュージカル」なのかは、一番面白いところだが書かない。作品をご覧いただきたい）、監督はエドガー・ライトという43歳の英国人である。

『ベイビー・ドライバー』は、英国人がアメリカ南部を舞台にしたアメリカ映画であり、公開中の『スリー・ビルボード』と、その点が同じであるが、それよりも、『ウィンストン・チャーチル』の監督はジョー・ライトという45歳の英国人である。ブレイクスルー待ちの同じ女優を使っている。検索した。ライトは兄弟ではなかった。

話がアッチャコッチャになって申し訳ないが、『ダンケルク』のクリストファー・ノーランは47歳の二重国籍者で、半分は英国人である（半分は米国人）。

徒然なるままに書いていたら既に4本の映画がリンクされている。『ウィンストン・チャーチル』『ダンケルク』『ベイビー・ドライバー』『スリー・ビルボード』である。一番面白い『ベイビー・ドライバー』以外は、米国アカデミー賞、並びにゴールデン・グローブ賞の賞獲りレースにひしめき合っている。

何が言いたいか？　まずは「今、イギリス映画は、ムチャクチャに熱い」ということである。『ベイビー・ドライバー』と『スリー・ビルボード』なんか、アメリカを搾取した格好になっている訳で（前者の舞台はデトロイト、後者はミズーリで、要するにどっちも南部の話だ。英国人が米国南部を舞台にした米国映画を撮ったのである。トラン・アン・ユン監督の『ノルウェイの森』と同じ格好だ。映画としての強度は全然違うが）、言うまでもなくこれは映画によるブリティッシュ・インヴェイションである（二重に言うまでもないが、これを半世紀前に音楽でやったのがザ・ビートルズとローリング・ストーンズ等である）。

と、こういった構図が頭の中でつながった瞬間、「あ、チャーチルの理由は英国のEU離脱か」と、誰にでもわかる事が、ちょっと遅れてわかった。英国のEU離脱について、情報として、ではなく、感覚的に理解している日本人というのはどれぐらいいるだろうか？

映画で言えば『英国王のスピーチ』あたりから「新・英国」は始まっていたと思うが、あの映画を見た日本人のほとんどは、脳内にシーベルトとか計画停電とかメルトダウンとか言った言葉が詰まっていて、観ているようで観てはいなかったのではないだろうか？　下手すっとロンドンオリンピックもそんなもんだったような気がする。あれは確か２０１２年である。外国のオリンピックより、自国のメルトダウン。

かくいう私もロンドンオリンピックの開会式で一番新しいジェームス・ボンドがエリザベス女王とパラシュート降下した時ですら気もそぞろで、「あ、イギリスが変わろうとしている」とガチで思ったのは、直後のロイヤルファミリーの結婚式でキャサリン王妃のウェディングドレスが余りに斬新で美しかったこと、そのデザイナーがアレキサンダー・マックイーン亡きあとのアレキサンダー・マックイーンを引き継いだサラ・バートンだと知った時である。

マックイーンはロンドンのセントラル・セント・マーチンズでデザインを学んだ生粋の英国人だが、ジバンシィでキャリアをスタートさせたということも関係あったかなかったか、亡くなるまでパリ・コレクションを主戦場にしていた。間違いない天才の、自殺による急逝は、「継げる奴なんかいるのかね。本当に気の毒だが、サラ・バートン無理じゃないか」とほとんどのファッショニスタに思わせつつも、あのウェディングドレスで大逆転。サラの新アレキサンダー・マックイーンは「英国調」をアダプトに成功、完全な自己更新を果たした。

劇中チャーチルは言う。「戦って死ねば、その国は必ず復興できる、しかし降伏して生きながらえても、その国は一生死んだままだ」。これ、ベルギーやポーランドの話っすよねえ？と思うと、いかに「実際にそう言ってんだからしょうがないでしょうよ。史実っすよこれ」と言われても、ちょっとエグくないか？と思ってしまう。

更にチャーチルは言う。「世界大戦というがナチスと戦う国が、我が国だけになったとしても我が国は勝利する！　勝利を！」。

アイルランドの南北問題を、朝鮮半島の南北問題とそんなに違わないか、ある意味前者のがヤバいぐらいに思っている私には「ＩＳどこじゃねえ、こっちゃあＩＲＡがいるんだ。問題なんか山積みだよ。そんでも行くんだよ。離脱だＥＵなんか」という風に聞こえた。そして例のＶサインである。

映画はここで終わる。つまり、ナチス・ドイツの殲滅にカナダとアメリカが尽力したことはほぼ描かれていない。チャーチルがヒトラーにストップをかけ、つまり一発良いのを入れた、という事実をして、イギリスがタイマンでドイツに勝ったぐらいの熱量を感じるのである。

アメリカはクタクタだ。厳密には爆笑を続けるしかない地獄のハイに乗っ取られている。「（銃を乱射する学生が増えるなら）だったら先生が銃を持てばいいんだ」と、あの顔でトランプが真顔で言った時には腹を抱えた。私はトランプはアメリカのバカさと陽気さ、合わせてトンチキ具合というか、そう言ったものをメタ的に取り戻すと考えているが、まだ時間がかかる。合衆国の鬱が重すぎるからだ。

その間隙を縫ってイギリスは、セカンド・サマー・オブ・ラヴならぬ、セカンド・ブリティッシュ・インヴェイションならぬ、新ＵＫ（ＮＵＫ）という、政治経済文化全般を更新させた化け物のような存在になりかけている。『007』リスペクトを2作目にして露わにした『キングスマン』には、肝心要のボンドガールがいない。換骨奪胎とはこのことだ。

大英帝国も、その後の没落も、音楽がヤバいことも、飯がまずいことも、独特のユーモアも、曇天も、ウイスキーも、50年前のポップス革命も、一回全部チャラにして（実際は、「それを踏まえたままで」なのだが、熱量的にはチャラぐらいに感じる）、EU離脱から始めよう。行く手は艱難辛苦ばかり、しかし、だからこそジョンブル魂は燃え盛るのである。

そして、断言するが、ロンドンオリンピックが中途半端に成功でもしていたら今はないのである。だから東京オリンピックもクソコケれば良い。目も当てられないド滑りでも良いし、凍てつく寒さに凍えるのも良い、そこからのみ、新・東京が生まれるのである。

オリンピック自体が既に姿を変えている。平昌はソウルのようにならなかった。東京は東京のようにはならないだろう。オリンピックは既に、発展途上国を先進国の仲間に入れる力も、いわんや「経済効果」すら期待できないイベントになっている。私はオリンピックに有意義さがあるとすれば、期待するだけしてコケる、という経験が何かを奮い立たせる効果、にしかないと思っている。勝利を！　その前に壮大な期待はずれと痛みを！（Vサイン）

12 日本の夜明けぜよ ——2018年4月3日公開

言うまでもなく土佐の英雄、そして日本史の教科書からその名前が消えるだの消えないだの。そんな男の歴史的な名言であるが、相当高い可能性で、僕が今から書くこととはちょっとした関係しかない。

ただ、あるエッセイストが自分より名声も実力もはるかに上のエッセイストから引用するのはかなり恥ずかしげのない行為だと承知の上で、どうしても書きたいので書くが、私が林真理子氏をノーガードで崇拝するのは、女性誌での長期連載の中での以下のような回によるものだ。

ある日、神田うの氏と親友である氏は、青山の有名なプラダの路面店（通称メルティング・グラスタワー。嘘）でプラダの服を買う時、試着に際して、なかなか服が身体を通らない時、そして、そんな試着の果てに、店員に「お似合いで、とてもお似合いで」と、機械的に褒められている最中、内心で、（ごめんなさいね、こんな太ったおばさんが来て、接客に困るでしょう。神田うのちゃんみたいな子の方がいいよね）と恐縮しながら、プラダの服を買う。

そして話は別の日の出来事、九州で行われたイベントの話になる。予想を超えた暑さから大量に発汗してしまった氏は、Tシャツの持ち合わせがないことに気がつく。しかし、会場は九州のとある県の、県庁所在地でもない田舎町である。用意してきたハイブランドの服を汗で汚してしまった氏は、近所に洋品店もコンビニもないその街で、仕方なくホテルの土産物売り場に売っていた、背中に「龍馬　RYOMA」とプリントされた坂本龍馬グッズを着てイベントの準備に参加するのである。そこに、エミリオ・プッチのサマードレスを纏った神田うのが現れる。

これほど優れたウイットとスマートさを手腕とするエッセイストが我が国に一体何人存在するだろうか？　全てが完璧なエッセイである。と、閑話休題というにはやや長めだったが、要するに、私が坂本龍馬について思い起こすことは、今やこのエピソードを措いて他にはないという事を強く言いたい、という訳である。

そんな、男子たるもの、英雄志向も革命志向も、何なら伸ばした髪を後頭部で縛る気さえ僅かながらありながらにして、だからこそ、だが、坂本龍馬の崇拝者とは絶対に酒を飲みたくない。そして林真理子氏の崇拝者だったら、知見がなくとも共に飲みたい私だが、最近めっきり「日本の夜明け」にハマりっ切り。これは一体、どうした風の吹き回し、否、陽の上り回しなのであろうか？

私は夜行性の深夜生活者だ。英語だと「夜行の」はノクターナル（NOCTURNAL）という、ハーレム・ノクターンとか、ショパンのノクターンとかいうときの「夜想曲」、夜中に月光に照らされながら歌い、奏でられるアレである。今後、菊地成孔ではなくノクタナル孔と改名しても、少なくとも私を少しでも知る者達には特には驚かれないぐらい(「ああ、菊地さんならしょうがねえな。むしろ菊地さんしか名乗れないでしょうその名前」)、私は夜行性である。

何せ、私の「夜」は、1993年以降、約25年間、四半世紀に渡って、天然の夜ではなく、人工の夜である。

例えば読者諸氏は「遮光カーテン」を使用したことがあるだろうか？　あるとしてだが、それはいつの話で、あなたにとってどれぐらい大事だろうか？　死活問題とまで言えるだろうか？

私は1993年以来、「遮光カーテン」という名称も不安定で、国内での商品数もおぼつかない、特殊な商品だった頃から購買と使用を始め、以後、家具に類するものを買わなければならない、例えば引越しとか、家族とものすごい喧嘩をすることで、部屋自体が半壊してしまった、といった悲喜劇的なから騒ぎの後とか、あるいは何もない時の暇つぶしとしての空想引越しとか、あるいは、あらゆる家電品の私物に物足りなさを感じてしまった時とか、そういった全ての時間に考えるのは遮光カーテンのことだけだったのである。

遮光カーテンだけは、最高級品、最高品質品を常に買わないと生きていけないのである。

私は、多少の偏差を揺れ動きながら、この25年間は、早朝9時(軍事用語で33時)に就寝し、午後2時から3時に起床する。私の夜は、飛行機の国際線の夜と同じ、人造の夜であり、天然の夜、にあたる時間は、仕事かプライヴェートの最活動時間帯、すなわち昼なのである。

私の平均的なランチタイムは深夜3時（軍事用語で27時）で、そのままバーに移動した場合「昼飲み」にカウントされる。文字どおり、正午まで飲むことがあるので、これが本当の「昼飲み」である。午後1時からそば屋でちょいと一合日本酒を頼んでしまう、ニヤニヤしたような粋な背徳をおそらく私は一生知らないまま終わるだろう。しかし、非庶民としか言いようがない、特殊な背徳感と共に、酒と時間を乗りこなしている。

当然その暮らしにとって、自然の日照は避忌され、隠蔽されなければならない。本稿の目的ではないので詳述はしないが、私が自分で創り上げる人工の夜は、非常に緻密に手のかかったもので、遮光カーテンさえ吊るしておけば出来上がる、という代物ではない。

とはいえ、なんてことはない。国際便より雑だ。私の部屋には、朝も昼もない。つまり、非常に緻密に作り上げられた「夜」は、手をつけられることはない。私は人工の深夜に起床し、戸外にだけ朝昼が存在する。それは、とても短いのであろう。気がつくと夜のとばりは下り、天然の夜が来て、私は深夜営業をしているビストロやトラットリア、割烹か寿司屋、窓がなく外光が入らないファミレスなどに行き、日照まで飲み食いに淫してしまった日には必ずバーに行く。

この「一軒目からバーへ」「バーから自宅へ」の移動時間は当然、天然の早朝だからして、強い陽射しを浴びる。季節によっては焼き払われるようだ。この時間も嫌いではない。10分とかからないし、「うひー。本当の朝だ。太陽光線の匂いと味がする」と思いっきり深呼吸をし、笑いながら過ごす時間である（笑いは、「ヤバい。逃げなくては」という危機感からも生まれやすいのは読者諸氏ならばご存知であろう）。

とさて、こうして私は「日本の夜明け」を、第一には、自然現象として完全に自分と切り離して暮らしてきた。太陽光線は有害説と必須説があるが、自然現象、特に天然エネルギー問題と健康、というテーマで語らねばならないとするなら、多くの学者、専門家などからなるパネリストに「ほら、私をみてください。ここに人間ドックの結果もあります」と、我ながら有効としか言いようがない資料を提出することができる。

そんな私が、以下かなり具体的な固有名詞が頻出するので、コンプライアンスに反さないかどうか、ヒルズ側にチェックして貰う必要があるが、ちょっとランチが遅くなり、早朝4時から、になってしまう場合も多々ある。そんなある日、私は行きつけの店全てに飽きて、特になんのひらめきもなく、デニーズの水道道路店に伺ったのである。

デニーズの多く、あるいは全てが24である。滅多に入らない2階店に私は入店した。11月とかそこらで、まだ外は真っ暗だった。

デニーズはジョナサンと並び、前菜の小皿に力を入れている。私は海老フライと、ほうれん草とベーコン炒め、たらこマヨネーズが添えられたフレンチフライを注文し、グラスワインの赤を一杯、そして、それら全てをカスタマイズすべく、ラボの中の研究員よろしく、ミニマルで確実に正確に動きまくった。

ほうれん草は乳脂肪と油脂を吸収しやすい。コーヒーフレッシュ3個は、瞬く間に吸収されてクレーム・ド・スピナッチとなり、皿には一滴のミルクも残らない。ただ塩気が下がるので、テーブルにある塩で味を調整する。チーズの味に近づくまで、が目安だ。海老フライは通常、中濃ソースが付く(タルタルソースも付く)が、これを下げてもらい、ケチャップとマヨネーズとウスターソースを頼み、オーロラソース紛いを作る。ワインは生で飲めるほどの味ではないので、インスタントのサングリアにする。サングリア液の調合配分はカルピスグレープ4、ミニッツメイドのオレンジジュース1、セルフメイドで濃いめに煎れたアイスダージリンを1。これを使って、1杯の赤ワインを2杯のインスタント・サングリアにする。トートバックに常備されている、日本で最も辛い赤唐辛子である「バードアイ」をたらこマヨネーズのソースにほんのひとふり。

凄まじい充実感と虚しさ。料理人の一家に生まれ、料理人になるべく英才教育を受けた私は、そこから逃げ、さらに逃げ、あらゆるものから逃げまくって、今、自炊は全くせず、早朝からデニーズの料理をカスタマイズして満足しているのである。

そして、そこから見えたのは、「日本の夜明け」であった。

有名な新宿中央公園店もそうだが、デニーズの2階店舗は、ウインドウを極限まで大きく取っていて、外景がすっかり見えるようになっていることを、私は昔から知っていた。しかし、特に夏場、そこに居座っていれば、わずか40分もすると、白々と夜が明けてくる。

私が落涙したのは、水道道路店の禁煙席で、並び席全てをカバーする巨大なウインドウからは、初台の新国立劇場の裏手に当たる、かなり大きいと言ってやぶさかでないテニスコートが見下ろせる。

私はクレーム・ド・エピナールを口に入れ、ロッソのサングリアで流し込んでいると、誰もいなかったテニスコートに、蟻のように小さい、フィラのテニスウエアを着た青年と老人が現れた。私は傷ついていた。音楽家である私は悲しいことが大好物である。忌まわしいことも、耐え難いことも、因果なことに大好物なのである。

人生は短い。大変な享楽の裏には、ほんとうに悲しい出来事や、きつい仕打ちが待っている。友人を亡くすことも増えた。妻と愛人の双方と、修羅場をダブルで味わった後も、私は24のファミレスに行っていた。彼女たちが泣き疲れて寝てしまってから。音楽ビジネス、特にコンテンツ商売がこんなに辛い産業になったのは20世紀のツケである。ツケを払う時代に、わざわざ私はフリーランスをやめ、事務所の代表取締役になり、つまり業界全体がツケを払う、その先端に並んだのだ。おあつらえ向きに。

神は無慈悲で、これら全てがひとつの物語の中に全て含まれてしまうことだってある。ああ、辛いなあ。へへへへへ。オレの人生、よくここまで来たよなあ。そもそもこの店、離婚した前妻と、親友のように仲がよかった頃、よく来てた。ああ、人生とはなんのためにあるのだろう。今日のオーロラソースはすごく上手くいった。練りを入念にやったからだ。旨い。ああ、旨いなあ。旨いものを食っているだけで後ろめたい。

私は、無音の、広くて美しい、綺麗に並んだテニスコートのひとつで、蟻のような大きさの一番乗りが準備運動や素振りをする姿を通して、夜明けを見ていた。巨大なウインドウ越しに。こんなにまじまじと夜明けを見るのは何年ぶりであろうか。

全てが完璧に配置されていた。テニスコート、国立劇場の裏、デニーズのテーブル、その上のエビ、ベーコン、フレンチフライ、赤ワインと即席サングリア用の混合液。悲しみ、喜び、静寂、それらを、午前5時のブルーの曙光が、プールの中の水のように、店内にゆったりと満たされていた。

私は、いとも簡単に落涙した。私の、すでに友と言って差し支えない、遮光カーテンについて考えながら。私は思い出し笑いをした。林真理子氏のエッセイによって。そして私は再び泣いた。夜明けの光をゆったりと浴び、朝食とシャワーをすませたばかりであろう、2人のテニスプレーヤーを見つめることで。「夜は死のいとこだ。だから俺は寝ない」とラッパーのNASは言った。私は彼を信じる。そして、夜明けがこんなにも簡単に私の涙を誘発するとは思いもよらなかった。

夜明けは神のいとこだ。だから多くの人々は、この時間を外して起きる。私は泣くのと笑うのがミックスされた。そして、四半世紀ぶりの、この時間帯にしか経験できない浄化を経験し、早く夜が来ないかなあ。オレにはもったいないよこんなのは。と思ったのである。その時私がCDウォークマン、通称ディスクマンで聴いていたCDを明記する。もし夜行性のあなたが、夜行性の私とそこそこ同じ経験をしたいのであれば出来るように。

Poom: My Licorne & Me / De La Vitesse a l'ivresse
Little Simz: The Lights
Terry Huff: Why Doesn't Love Last
Spank Happy: Forever Mozart / French Kiss

13 低温調理の焼肉屋と熱伝導アイスクリームスプーン

――2018年4月30日公開

これは食べ物とその温度をめぐるシンメトリックな2つの事実である。それは一日の内に連続して起こった。

私はアイスクリームが好きだ。アメリカで実際に起こった事故だが、私よりも遥かにアイスクリームを愛する女性が、あのでっかい、バケツみたいな、業務用のアイスを買ってきて（おそらく、コストコみたいな所で、否、アメリカでは、あらゆるスーパーマーケットであのサイズが普通に買えるのだろう）、こう、ボール状にアイスを掻き出す業務用の特殊スプーンみたいなのを片手に、バケツアイスを小脇に抱え、ずーーーーーーっとアイスを食べ続けている間に、低体温症で亡くなった、という話を聞くだに「なんて良い死に方だ」と思うほどである。まあ、これはアイス云々より、「アメリカ的な死に方」という問題系だと思うが、まあそれはともかく、私はアイスクリームが好きで、ということは、アレを買わないといけないのだった。

それは「熱伝導率の良い新素材の金属を使い、手から体温を伝えることで、どんなカチンカチンのアイスにも、まるでプリンのように、スッとスプーンが入る、という魔法のスプーン」である。テレビの地上波の番組（未だに私の情報源である）によれば、「今や、アイスクリームラヴァーは必携」だそうで、誰もがこれを買い、鞄に忍ばせているのだ。

辛いものが好きな人々が、ブランド唐辛子の瓶を鞄に入れて持ち歩くように（因みに私はこれは既に実行している。物凄く役に立つ。名前は出せないが、唐辛子を卓上に常置している飲食店チェーンで、そこの唐辛子の瓶に、マイ唐辛子を半分ぐらいミックスして帰ることもしばしば。これは明らかに犯罪だが、義賊すなわち鼠小僧の気分だ。なぜなら、店が常置している唐辛子よりも、遥かに美味く、その店のメニューが何倍も引き立つからである。私の後、更にその後、同じ卓で食事をする客たちが「なんかここの唐辛子美味いねえ」と、ささやかな喜びを感じていることを想像するだに満足感が止まらない）。

早速私は買いに行った。どこで売っているのだろう？　私は（20世紀以前のことについて以外）検索をしない。そんなことはデパートに入ればわかるのである。受付のお姉さんに聞けばたちどころにわかるが、それは検索のようなことだ。各階を歩き回れば、そんなもん嗅覚で見つかるに決まっている。現代人はこの力をどんどん失っている。私は最近、携帯電話を持っている友人の電話番号を暗記するようにしている。縄文人にでもなった気分だが、とても脳が気持ち良い。

果たして、所謂おしゃれインテリアショップにあった。王様のアイディア的な、おもしろ便利グッズ屋にももちろんあるだろう、東急ハンズに行けば立ちどころに手に入るだろう。しかし、洒落たグラスやランチョンマットを売っているこの店にもある、私はテレビで見た瞬間に、「そういうものだな」と判断していた。

魔法のスプーンでなくとも、もはやそれは、デザインだけでも充分購入に足る、おしゃれなアイスクリームスプーンなのであった。私は15個購入した。知り合いに片っ端から配るためである。20個でも30個でも良いのだが、転売者だと思われる可能性がある。私は思われても良いが、思う側の店員が気の毒であるからして、「ああ、この人はお友達がいっぱいいるのだな。そして、どんなお友達にもこのスプーンは喜ばれると評価くださったんだ」と、気持ち良く売ることができるよう、15個にした。5色あったので、3個ずつ買った。

これが昼の3時である。その後、私は仕事をし、仕事を終え、晩飯を食いに出かけた。

その焼肉屋は、中野坂上と山手通りがクロスする場所にあり、大体この辺りの飲食店は混んでいて、そこそこ美味い。

業界用語で「中央」というが、これは新宿ど真ん中、例えば3丁目界隈などのことであって、この辺りには住めないし、この辺りで飲み食いすると落ち着かないし、あるいはこの界隈で飲み食いしようにもどこも満席で、といった人々が飲み食いに来る、つまり、「中央」を敢えて決然と避ける人々によって形成される、一番美味いドーナツ地区みたいなものだ。代々木上原なんてあなた。美味いドーナツがこじれて、美味すぎちゃって、すでに別の中央になっている。

ま、それはともかく、私は安心してその焼肉屋に向かったのではない。かなりの不穏さを感じながら向かったのである。車でそこを通るたびに、とても不穏な気持ちに駆られた。全く美味そうなオーラがしない。しかし、矛盾するようだが、美味そうなオーラがあるのだ。こんな不穏なことがあるか。全く善人っぽいオーラがない、しかし、善人っぽいオーラがある人物と一緒だ。しかも中野坂上スクエアである。こないだ『アンナチュラル』観てたら、石原さとみがロケやってたよここで。もう一等地と言って良いだろう。そこに、その不穏な焼肉屋はあった。

大変な空腹でありながら不穏さを感じている、という、かなり高級で複雑な心身の状態で、私はその店に入った。所謂、「昭和再生酒場」的な内装。そこかしこに60年代の日本映画のポスターが貼ってある。そのセンスに対する評価はどうでも良い。美味ければメキシコのプロレス映画のポスターばかり貼ってあろうと（それセンス良いけど。普通に）、不味ければ萌えアニメのセル画でいっぱいだろうと、とにかく因果律では結べない。何と何とが？

そのセンスと、客の数とが、である。私が訪れたのは金曜の夜9時である。果たして客数は、40人以上収容可能な店内にて、ゼロ、すなわち私だけだったのである。

私はゾクゾクした。一体どんな不全や問題があるのだろう。物凄く肉質が悪いとか、信じがたいほど店員の程度が劣悪だとか、トイレが汚いとか、様々な理由が夢想できる。

そしてその解答は、嗚呼、なんたることであろうか、「炭の温度が低い」のであった。

私は焼肉屋にうるさい焼肉好きでもなんでもない。好きなのはアイスクリームであって、焼肉いる。

はまあ、普通の食べ物だ。私にとって。しかし、これには愕然とした。ちゃんと、炭火と網による、誰でも知っている当たり前のアレが出てくる。天井からは排煙のダクトもちゃんと下がっている。

それでも、その店の炭火の温度は、「異常」というにやぶさかでないほど低いのであった。

読者の皆さんは、「焼肉屋の炭火の温度が低いと、焼肉がどうなるか？」ご想像がつくであろうか？　料理に興味がない方だったら、想像もつかないだろう。一方、グルメをもって自認されるような御仁は、すぐに想像がつくであろう。この10年間で急激に頭角を現した飲食業界のトレンドに「熟成肉」と「低温調理」があることを。そう、その通り、この店は「低温調理の焼肉屋」なのであった。

「低温調理」については、私はしないが、皆さんは検索するが良いと思う、すぐに山ほどの情報が手に入る。派手な焦げ目や、肉を加熱する醍醐味であるジュワーとかバチバチバチとかいったサウンドが一切しない。長時間かけて、ゆっくり火を通し、どんな食材も（特に肉だが）ふんわり柔らかに仕上がるのである。私の記憶では、最初はとんかつで、低温でゆっくりじっくり揚げた（というか、コンフィみたいに、「油で煮た」ような）ものを、最後に一気に加熱して衣にカリっと感をつける。そうすると、我々が知っている、あのとんかつの、素晴らしい雑さや大味な感じではなく、シルキーかつサクサクした、童話やSFの世界のとんかつみたいな、新食感のとんかつが出来上がる。

やがてそれは、あらゆる料理の、あらゆるメニューに採用されるようになった。数年前のパリのビストロは、もう火入れは低温じゃないと、食材が繊維や分子の単位で壊れてしまいますよセボン！　といった勢いで、パリ中のあらゆる肉料理が、ふんわり滑らかな歯ごたえと舌触りに席巻されてしまったほどだ。

と、それが焼肉になるのである。タン塩の厚切り一枚焼くのに10分かかる。メニューの写真では、よだれが出そうな、ワイルドな焦げ目がついたてっちゃんは、とうとう焼き目がつかないまま焼き上がってしまう。私は内臓の盛り合わせを注文したが、これはもう「炭火焼きの網の上で煮ている」としか言えない。

読者諸氏は、この焼肉が美味いか不味いか、ほぼほぼ90％の方が「不味そう」と思っているのではないかと推測される。私はなるべくフラットな表現を心がけたつもりだが、どうしても不味そうな描写になってしまっていることは否めない。

しかしである。焼肉ではなく煮肉、しかも内臓の味はいかなるものか？　これが結構美味いのであった。私は、免許さえ取れば料理人として生きていける自信がある。なのでわかるのである、仕上がりの味と食感が。

「うわああ、このホルモン盛り合わせ、ふんわり柔らかでシルキーな、汁なしのモツ煮みたいなことになるぞ。先入観さえ捨てれば、う、う、う、う、うまい……のでは?」

そう、果たしてそれは、そこそこ美味いのであった。客がいないのは、不味いからではない。友達がいないのが、容姿や性格が醜悪だからではないのと同じだ。客は戸惑ったのである。未知の結果に。服装も言葉も肌の色も違う転校生に戸惑うようにして。

私は、先入観によって、未知の状態を恐れるような人物ではない。大久保通りの回転寿司に、おそらく日本で初めて、アフリカ人の握り手が来た時も、特に驚かなかったし(味に特別な違いがあったわけではなかった、というのも大きいが)エル・ブリもファット・ダックもノーマも行ったが、とても楽しかった。低温調理も熟成肉も、大いに楽しんだ。オーストラリアではワニを、中華人民共和国では昆虫の料理に舌鼓を打った。

それでも、低温調理の焼肉、がもたらしたものは、「異様」としか言えない感覚だった。不味くて食えたもんじゃない、のであれば異様ではない。そこそこ美味い、下手すると、これ流行るんじゃねえの? という味わいと、客が本当に全く、私以外ひとりもいなかった(それは私の退店まで続いた)という事実、東宝サラリーマン喜劇の、これ見よがしにレトロなポスター、そもそも、全くアツアツ感のない、丁度良い温かさのもつ焼き、といった存在の、ユートピアかディストピアかわからない近未来感、などが相まって、私は文字どおり、「異様な生ぬるさ」を抱いたまま、満腹したかどうかもわからない状態で、会計を済ませた。

帰宅した私は、次に訪れる異様さは、同じ異様さでも、楽しく面白く、ちょっとした魔法のエレガンスもある事態なのだと、過度に願いたがった。冷凍庫には、カチンカチンに凍ったハーゲンダッツが満載されている。

そして、私の過度の願いは、決して過度ではなかった。よく握って、最初のひとさじを氷結したツンドラ地帯に差し込んだ瞬間、それはテレビのレポーターが口々に驚いた、その驚きと全く同じものが私に訪れたことを知った。そしてそれは、低温調理の焼肉が持つ「異様さ」と真逆の、大変な安心感を伴った魔法なのであった。

一気に結論に飛ぼう。しかしあの「魔法のスプーン」には、構造的な欠陥があったのである。いや、この言い方は魔法への侮辱になりかねない。厳密さを心がけよう。

熱伝導が、熱源から逆の端に向かってだけ生じるわけがない。両端を持つ構造体の熱伝導は双方向的だ。つまり、アイスの冷気もまた逆方向に伝導され、結果スプーンと手のひら自体がキンキンに冷えるのである。

何てことはない。1さじ目から2さじ目、3さじ目ぐらいまでに我々を魅了した魔法は、突如、中学生レヴェルの物理の実験の、穏当な結果に変わる。熱伝導率が良いということは、極言すれば、「手で直接アイスを食っているのと同じ」ということに成る。介在物による抵抗が限りなくゼロになるのだから。

いえ〜、そういうことか（笑）。ま、そりゃそうだわな（笑）。いやあそれにしても、童心に帰ったとはこのことだぜ。「ねえ、これ、一気に食えねえ。休み休みにするか、ホカロン巻いてないと使えないわ。っていうか、そうか、小さな発熱体をスプーンに仕込めば良いんだよな」と私が言うと、家人は「それじゃおしゃれでも可愛くも不思議ですらないでしょ」と言った。彼女の名誉のために言うが、彼女はアイスクリームのように冷淡なドラスティストのリアリストではない。ひとつの魔法がかかったままになり、ひとつの魔法が消え失せただけだ。一日の内に。温度による。

14 エヴリシング・ハプンズ・〈ミートゥー〉 ――2018年5月30日公開

書くのも野暮だがタイトルの英語表記は『EVERYTHING HAPPENS ME TO』である。文法的に若干おかしい。それもその筈、これはJAZZのスタンダードナンバーとして、かのフランク・シナトラ、チャーリー・パーカーはもとより、マイルス・デイヴィスもチェット・ベーカーもエラ・フィッツジェラルドもジョン・コルトレーン（以下、50人ぐらい）も歌い、演奏した『EVERYTHING HAPPENS TO ME』の、最後のふたつのワードを入れ替えただけのものだ。

私は今、緊張の極にある。PCを打つ指が震えている。これまで、コンプライアンスだの地雷ネタだのの制限を全く受けず、何よりも連載フォームに「ツイート◯◯／いいね！◯◯」っつう、成績表みたいなクソ忌ま忌ましいアレがなく（驚くべきことに「アレが無いと不安で何も書けない」というエッセイストがいるらしいが実は特に驚かない）、好き放題書くことでWIN WINの状態を保っていた、私と『HILLS LIFE DAILY』さんとの成熟した大人の関係も、今回とうとうヒビが入ってしまうかもしれない。

何せあの「ミートゥー（Me Too）」を扱うからである。PCは、打つ指がどんなに震えていても、入力してしまえば全くわからなくなってしまうのがもどかしい。

自分で決めたテーマなのに、書き始めるのが怖すぎることにより、『EVERYTHING HAPPENS TO ME』の歌詞和訳を書くことにより、時間と文字数を稼ぐ態で心を鎮めようと思う。決して文字数稼ぎではない。決して。指は震えたままである。

逐語訳すれば「自分には、あらゆることが起こる」というタイトルであるこの楽曲の歌詞とは、私の中学生レヴェルの英語力で訳せば以下のようなものだ。

〈賭けてもいい　ゴルフの予定を入れたら必ず雨降り　ホームパーティーをすれば上の階から苦情　風邪をひく　電車に乗り遅れる　僕の人生はそんなことばっかり　僕にはどんなことだって起こるのさ〉

と、優雅ながらツイてない男の、嫌味にならない程度の嘆きを、巧みな韻の踏み方と修辞法で洒脱に綴ったこの歌詞は、こうして始まり、最後にこうした結末を迎える。

〈最初は　こんな僕のジンクスなんて　君が破ってくれると思ってたんだ　恋がこの不幸を終わらせてくれるって思い込もうと必死だった〉

〈だけどやっぱり自分に嘘はつけない　叶わぬ夢で出来たお城は　抵当に入ってしまった〉

〈電報も打ったし　長距離電話もした　特別便のエアメールまで送ったっていうのに　君からの返事は「さよなら」　しかも　郵便料金不足の催促〉

〈たった一度だけの恋だったんだ　君じゃなきゃダメだって思ってたのにさ　ほらね　僕にはどんなことだって起こるのさ〉

とまあ、踏んだり蹴ったりの主人公であるが、曲の方は明るくスインギーであり、ガッカリもヤレヤレもエレガントなユーモアで洒脱にまとめる、ジャズスタンダードナンバー平均のマナーに従いながら、その完成度の高さから名曲として今でも歌い、演奏され続けている。

と、もう時間稼ぎは出来ないので本題に入るが、ウッディ・アレンは兎も角、あのデンゼル・ワシントンまでを吊るし上げる恐怖の逆魔女狩りであり、フェミニズムというより、プレ・フェミニズムもしくはポスト・フェミニズムの集団ヒステリーである側面が強い「ミートゥー」運動（ああ、書いちゃった。今回、最終回である可能性があります。読者の皆さんの長年のご愛顧に感謝します。それにしても、トラウマを残す、酷いハラスメントがこの世にあることは飲み屋の倅としても、ジャズ屋としてもよく知っているし、被害者には同情するけれども、デンゼルが「今日の服はセクシーだね」なんつって、軽く腰のあたりをポンポン触ったりすることに、公開の謝罪なんかさせんなよ落ち着け。「ミートゥー」に、これ以上エヴリシングをハプンズさせたら収拾つかなくなるぞ）よりも前から「セクシャルハラスメント」という概念も言葉も当然あった。

これは一例だが、私がとある音楽大学の非常勤講師に着任する際、「授業マニュアル」みたいなものを渡されたのだが、ほぼ10年前に、電話帳ぐらいの厚さがあって、その半分ぐらいが「セクシャルハラスメントに関する指導要綱」に費やされていた時には、申し訳ないが笑った。

ここまで読んで「なんだコイツは、被害者の皆さんが受けた傷をなんだと思うんだ。傷があぁ、傷があぁ。心の傷があああああああああああアアアアア」と拳を握りすぎて指の骨を骨折されておられる方もおられるだろうから、落ち着いてほしい。私が笑ったのは、

＊学生の服装について言及をしないこと。いかなる個人的な判断に基づく発言も許されない。

(例)「君は男の子なのに、ピンクの服を着てるんだね」「そのブラウスの背中のデザイン素敵だね」

とかいう極所に対してよ！　セクシャルハラスメントとかよりはるか以前に、こんなこと普通に言ったらダメだろ先生が学生にさ！

また、

＊講義中に学生の顔や体の一部分だけを見てはいけない（例：髪型、メイク、肩、首、腕、胸、胴、

腰、脚、等々）

って、もう天井か床みて講義するしかねえだろ！（笑）。「肩、首、腕、胸、胴、腰、脚」って、解剖学の授業もしくは漢字辞典かよ！！！！（笑）

といった記述に対してである。私は、要綱のほぼ全てを破った。お洒落な学生がいたら「いいねえ、そのピンクのアウター。蛍光素材？　ヒップホップっぽいね〜」だの「おお、かっこいいカッティングだねそのスカート。それって後ろの裾は地面こすっちゃわない？」ぐらいだったら普通に、積極的に、敢えて言った。喜ばなかった学生は一人もいなかったし、果たして一度も問題になったことはない（ベートーベンやバッハばかりやってきた学生達に、ブルーノートやモード奏法の理論を完全に理解させ得なかった。ということの方が、遥かに問題だと思ったが、その点は問題視さえされなかった）。

もう、この際だから書くが、10年前、私にセクシャルハラスメントを受けたという元学生は、ミートゥー！　と叫びながら積極的に訴えてほしい。言われるがままに謝罪するので。

と、10年前ではなく3時間前に飛ぶ。

私は私塾でサキソフォンを教えている。ビギナーというものは常に、技術上の反射的な恐怖と硬化によって、いつ習得に不全が出るかわからない、迷える子羊である。講師の仕事は、第一にはその恐怖を与えないことだが、第二には、もし生徒が恐怖を作り出してしまったら、速やかにそれを取り払うことである。

フィンガリング（指の技術）に対して、「自分は指が不器用で、うまく動かせない」と思い（実際に指が動かせないわけではないことが90%である）、そこからリンクする形で、音が小さくなり、出なくなり、あらゆる技術が死んでしまうこと、つまり「自分はサキソフォンが下手である。向いていない」と、連合的に思い込む、というケースは多々ある。

きっかけはレッスン中に指が回らず、羞恥心を感じた、たった一回の経験である。指だけに限らない、あらゆる局面で、羞恥心を感じた生徒はゾーンに入ってしまう。こういった状態にある生徒に、一番手っ取り早く、かつ確実に自信を回復する方法がある。

今ではテレビの寄席番組などでも滅多に見なくなった「二人羽織」をご存知だろうか？ 大抵は蕎麦を食い、うまく食えない様を見せて笑わせる芸である。

あれと同じ態で、サキソフォンを生徒にくわえさせ、背後に回って、バックハグのように抱きつき、生徒の楽器のキーを、教師が二人羽織よろしく操作する。想像してみてほしい。こんなもん誰が見たって立派なセクハラだ。教師の顔面は、横向に生徒の背中にある。今から酷い言葉を使うが、もしペニスが勃起していたら（因みに、生徒は女性だった）、そんなもん、生徒の腰のあたりに押し付け放題である。

「いいですか？　あなたは、自分はサックスがヘタだ。音が綺麗に出ない。そもそも才能がない。と思い込んでいます。でも、指がちょっと不器用で、人よりちょっと動きが鈍いだけです。あなたの好きな曲で、難しくて一生絶対にできないな、と思う曲があったら言ってください」

「……チャーリー・パーカーの『ドナ・リー』」

「わかりました。じゃあ、僕が指だけやるんで、『ドナ・リー』を吹いてみてください。指は僕に任せて、思いっきり息を吸って、思いっきり吹いてください」

と言って背後に回り、吹かせるのである。生徒は曲を知っているし、あまりの驚きに、ハイになって大きく吹く。すると、その曲が（不器用ながら）吹けるのである。ほぼほぼ99％の確率で、その生徒本人も、ギャラリーである他の生徒も、驚愕し、感心し、大笑いして、拍手をする。

彼女からのミートゥーの訴えはまだない。何せ3時間しか経過していないし、僕の方で、拍手の中「ミートゥーとか言わないでくださいね（笑）」と、釘も差したからな。やがて彼女は、ネットなんかを見て、自分がされた悪質なセクシャルハラスメントに対して、ネットから勇気を貰い、泣き寝入りなどしないように立ち上がるだろう。そう。僕にはどんなことだって起こるのさ。

15　タイトルに偽りありでも良いの2作　——2018年6月28日公開

『万引き家族』のことを65％ぐらい、『焼肉ドラゴン』のことを35％ぐらい書く。どちらもタイトルに偽りがある。

しかし、ケイト・ブランシェットが「ラ・ファミーユ・ドゥ・マンビキ」とフランス語で言った時にはのけぞったぜー。ところでパルム・ドール＝黄金の棕櫚（シュロ）。棕櫚ってなんだかわかりますか？　棕梠とも書くのだけれども。

と、それはともかく、是枝監督は自分とほぼ同い年なので、いわゆる「同世代感覚」としてよくわかるのだが、デビューしたての頃は、アンファンテリブルつうか、何をしでかすか全くわからないまま、ものすごい才気への注目ばかりが集まっていたジャン＝ジャック・ベネックスとか、世界的な監督になるだろうというような形の期待に、歯止めが利かなかった頃のリュック・ベッソンみたいな感じで、どんな題材も、現代的な感覚でやってみせまっせ、という感じだったように思う。バブル＝ポストモダン＝あれもこれも、のパターンである。

その後、いつの間にか、というのは雑すぎるけれども、是枝監督は、一本槍の人に転向する。

これもパターンと言えばパターンで、広げ切った風呂敷を捨て、ヒトネタにフォーカスするのである。

同い年の（元？）映画監督として、漫才師の松本人志がいるが、完全な逆コース、つまり、ガチガチの漫才師一筋から拡大路線に出て、映画監督にまでなり（「事実上」だが）、映画監督は辞めてしまい、また一筋に戻るかなと思いきや、仕事の幅はゆっくりと奇妙に広がっている。

こうして、「なんでもあり」と「一筋」の対置と両極を生きるのは、大体55歳、つうか要するにバブルなのだが、現在の実直そうな佇まいからはバブル等とはイメージ出来ない是枝監督は、一本槍になった。何に？「家族」に、である。

『誰も知らない』以降の是枝監督は、「家族。という奇妙で力強い集団を、何か変わったファクターを設置することで浮かび上がらせようとする」といった作品が主流になって行く（『空気人形』みたいな、突然、萌えがなりふり構わず最前線に位置するものも出しているのだが、これは「韓流効果」による狂い咲きに計上するのが適正だろう）。一番シリアスでシンシアなテーマだ。

そのことにはなんの文句もない。というか、是枝監督にも『万引き家族』にも、その受賞にもなんの文句もなく、何が言いたいかというと、最初に『万引き家族』と聞いた時に思ったのは。「とうとう〈家族〉って言っちゃうのね」ということだった。大丈夫なのだろうか？とさえ思った。長年にわたり、精神分析を不動の裏テーマとしてきたウッディ・アレンが『彼女と精神分析』というタイトル（邦題）の新作を出してきたら、ザワつく人はザワつく。

『万引き家族』は、ある意味、ヒッチコックの『サイコ』のような側面がある。タイトルを聞き、キャストとあらすじを聞き、トレーラーを見た者の99％は「孫から祖母まで、一家全員が万引きによって生計を立てている家族の話」だと思うに決まっている。『夜逃げ屋本舗』とか『エバラ家の人々』とか『逆噴射家族』とか、シリアス方面では、当たり屋を生業に、全国を転々とする、大島渚の『少年』とか、そういう感じだ。

ところがこれがミスリードなのである。確かに万引きはする。しかし、家族の中でも数名がするだけである。それよりも、これは本当にびっくりしたのだけれども以下ネタバレです。なななななんと、「万引きされた」のは品物だけではなく、というより、家族を構成する、人々そのものなのである。

あの物語は、嘘でも家族が欲しかったリリー・フランキーが、子供や妻たちを「万引き」して構成する家族。なのである。出来が良いかどうか、パルム・ドールにふさわしいかどうかわからなくなるほどびっくりした。「おおおおお、とうとうはっきり〈家族〉って言った！」と思ったら、そういうダブルミーニングなのね。そして、それが大成功するのである。びっくりしたあ。

一方、面白がりで口が悪いネット民が「『万引き家族』に似てる」と嘯いた作品が『焼肉ドラゴン』だ。これは一部有名な戯曲の映画化で、むちゃくちゃ簡単に言うと『在日韓国人版　ＡＬ

WAYS三丁目の夕日』なのだけれども、どこが似てると言われたかと言うと、「汚い家屋（もう、見ていて鼻をつまみたくなるような）に人がたくさん住んでいる」つまり、スラムやゲトーライフみたいなものが描かれる、その一点のみで、前者は現代劇、後者は1969年から1971年まで、つまり大阪万博の前後を描いているのだが、どちらも「地上げ抵抗した」お陰で、家が汚い。

『焼肉ドラゴン』は、誠実な失敗作である。どう失敗しているかというと、この作品は、感動して泣く、以外に目的が一切ないような一途な映画であって、なのにも拘わらず、あまり泣かせてくれないからだ。

理由は、嫌という程はっきりしている。「泣かせる」という状態に持って行くための反作用というか位置エネルギーというか、矢を射るには最初に弓を引かなければいけない訳で、そのための「笑い」と「痛み」が、少なくとも画面上では遠慮し、牽制し合っているようにしか見えないからだ。

何せ、あの、「もう、どのメディアでなんの話を、どういう枠組みでしても、面白い以外の結論には持って行かせないだろう」としか思えない、笑いの神に魅入られたが如き大泉洋が、あんまり笑わせてくれないのである。立ってるだけで面白いような所まで上り詰めた、あの大泉が、である（「滑っている」とかでもない。映画自体が、何をやっても笑わせないようなバイブスで貫通されているのだ)。

あと、以下ものすごいネタバレです。肝心要の、いじめから自殺に至ってしまう末息子の、いじめられるシーンが、いかなる映画コードがあろうとも、ヌルすぎるのである。

これが韓国の映画かテレビドラマだったら、観客が目を背けるほどの、残虐ないじめの描写があった筈だが、どうしてもこの作品は、刺激(痛みも、笑いも、どちらも刺激だ)に対して、上品に上品になってしまっていて、それを俳優の激しい演技(元々が舞台劇ということもあるが、何せ登場人物はひとりを除いて全員が在日韓国人であり、全員があらゆるトラウマによって、女たちまでもが多血漢であり、常に声も枯れんとばかりに、劇中、常に怒鳴りあっている)の定常化が担保してしまっている。そういうバランスなので、いざ泣かそうとした時に、エネルギーの充塡がきちんと出来ておらず、泣けない。ちゃんと設計したのに飛ばなかったロケットと同じだ。

と、この、非常に良心的ではあるが、成功か失敗かで言えば失敗してしまっている作品を批評するのが本稿の目的でないことは、当連載の愛読者であればあるほどおわかりであろう。

最初に引用した、ネット民の気の利いた戯言は戯言として、ちょっと面白い。スラムやゲトー(『万引き家族』は、「一軒屋だけのゲトー」であるけれども)が、ここまでリアルに描かれた日本映画は過去十作以上なかったし。

それよりも恐るべきことに、この2作は、全く同じ属性を持っているのである。『焼肉ドラゴン』は、のちに万博公園として開発されてしまう、韓国人ゲトーの中で、ホルモン焼き屋を営む家族の話、という意味で、『万引き家族』のミスリードとは逆に、あまりにタイトル通りである。

しかし、なななななななんと!!『焼肉ドラゴン』には、肉が焼けるシーンが1秒も出てこないのである! タイトルと設定、炭を入れるシーンと、一回だけの内臓の仕入れシーンがあるだけで、誰もが事前に想像する「肉がジュージュー焼けて、貧しいながらも家族や常連客が焼けて脂と焦げにまみれた内臓を旨そうに貪る」シーンは全くない!

これにはシビれた。なくたって物語は全く問題なく成立するし、泣かせられなかったという失敗は失敗としても、『焼肉ドラゴン』というタイトルで、焼肉シーンがないのは『殺し屋タイガー』というタイトルの、殺し屋を主人公とした映画で、殺人のシーンが一度も出てこないのに等しい。これは、泣かせられなかった=失敗という、因果律がはっきりしている局面とは全く別のフェイズであって、元々が舞台劇で、舞台で焼肉をジュージュー焼くことはなかったのだろうとか、無粋な推測はできるが、それよりも、驚愕していることのほうがはるかに豊かだ。数年後で良いので併映を期待する（嘘。それはどうでもいい）。

16 苗場プリンスホテルの一室にて

——2018年7月31日公開

僕は今、フジロックフェスティバル'18（以下「フジロック」）の楽屋にいて、出番待ちをしている。フェスについて、一回も行ったことがなく、何も知らない人でさえ、「フジロック」の名前ぐらいは知っているだろうから、フジロックの楽屋やバックヤードがどういった感じか、ルポしてみたいと思う（実際は、都合により余りに待ち時間が長いため、暇を持て余し、マネージャーのPCを借りて「あのさあ、ヒルズライフの今回分、この待ち時間に部屋で書くわ」と言って書いているのである）。

さて、それは端的に言って、「苗場プリンスホテル」の客室のひとつなのである。プリンスホテルの系列を、今は解体されてしまった赤坂と、ブッフェが有名な品川と、高輪ぐらいだとなめてかかるとエライことになるのであって、ちゃんと検索して調べてないから正確な数はわからないが、僕が知るだけでも、とんでもない数がある。確か港区だけでも3つか4つある。

そのひとつがこの苗場であるが、プリンスホテル系列の中でも古参の方で（開業1962年。「プリンスホテル」の名称になったのは1970年）、現在の姿はバブル期前後の改修工事によるもので、それ以来、大きな改修はないので、要するにバブルで時が止まっている建築物のひとつだ。

類例のディスコだのホテルだのの中で、最大のものではないか。

というか、「〈60年代開業、80年代で時が止まってる〉物件」というものはリゾート地に群生していて、廃墟マニアやキッチュ愛好家の巡礼路があってもおかしくない。この苗場プリンスホテルだって、もし1999年にフジロックがオフィシャルホテルにしなかったら、高い確率で廃業していたか、大きく規模縮小を余儀なくされていただろう。

フジロックはその名の通り、第1回（1997年）こそ富士山麓の天神山スキー場で開催されたが、台風の直撃によって初日から大きな被害を出し、翌年の第2回を豊洲の東京ベイサイドスクエアで行い、やっぱりスキー場じゃないと、と思ったのかどうか、第3回（1999年）以降、ここ苗プリを擁する苗場スキー場地区で行われ続けている。

僕が最初にフジロックに出演したのが何年だか忘れてしまったし、その後何回出演したかも正確には憶えていない。のだが、おそらく00年代の中期に初めて出演したのだが、フジロックのために、この苗プリに宿泊した時には、もうすっかり「くっあー。なっつかしー」とヒーヒー状態だった。何故か？　ヒント、スキーはやらない。ヒント2、1963年に生まれて、つい先月55歳になった。成人式は1983年。ヒント3、実は音楽家であり、それ以前に音楽愛好家である。

そう、正解は「松任谷由実の〈Surf & Snow in NAEBA〉と、とんねるずの〈こんと いんな えば〉に通っていたから」である。どうだ、想像以上のバブルの波があなたを今、押し流そうとしたに違いない。

先も書いたように僕は原稿を書くにあたって検索はなるべくしない。検索で得たソースの正確さより、個人の歪められた記憶の方が、エッセイのソースとしては遥かに上質だからであるが、僕はこのホテルが何年から時を止めているのか？　誰が止めたのか？　という設問に対しては「松任谷由実が81年に止めた」という正解を希望する次第である。

つまりこういうことだ。19歳（1982年～）から5～6回ユーミンのコンサートのためにここに宿泊し、29歳（1992年～）から2～3回とんねるずの単独ライブのためにここに宿泊した。ユーミンからとんねるずの段階で、第1の「なっつかしー」があったのだが、まあ、ガキにおける10年は中年のそれよりかなり長い。さっき「ヒーヒー状態」と書いたが、フジロックでの再会よりも、むしろこの、とんねるずでの再会の時の方が実はヒーヒー状態だった。

とんねるずの単独ライブを見るために苗場まで行くのはさすがにしんどくなり1994～1995年でまた苗プリの連続宿泊は止まる。そして更に10年が経ち、2度目の再会がフジロックだ。僕はいつの間にか客から出演者となっていて、無料で泊まれるし、コンサートのチケットも要らない。「なっつかしー」のトーンはかなり侘び寂びに満ちていて、たかが45ぐらいの若造が「人生は長いな……」と、遠くを見つめながらＲｏｏｔｓの缶コーヒーのＣＭの、松田龍平時代（あれこそ黄金時代でしょう）の松田龍平が、海外に旅立ってしまう恋人を空港で見送る表情そっくりになる程度には充分パセティックだったのである。

それから散発的にフジロックに出演し続け、約10年（その間にいろんなことがあった。僕の後ろから、ものすごい速さで走ってくる外人の子供がいて、思いっきり僕にぶつかって転倒したので、抱き起こして「大丈夫か君？」と言ったらそれがビョークだったとか）が経った今、ここである。やっと現在にたどり着いた。

僕は「ファイナル・スパンクハッピー」というバンドで出演するためにここにいる。厳密には僕はＤＪとして呼ばれていて、その持ち時間の中に、このバンドのショーが組み込まれているのだが、このバンドも11年前に活動を止めていたのが、今年からいきなり活動再開したのである。なっつかしー。活動期のレパートリーもやるしね。そして、あなたにやや複雑なパズルが解ける能力がおありなら、だが、このバンドでフジロックに出演するのは初めてだということがお解り頂けるであろう。

こうなるともう、懐かしさの多重的な自家中毒みたいになって、結果、さほど懐かしくなくなる。この感覚、「懐かしがりも麻痺して」あるいは「懐かしさを失った猿」とでも言うべき感覚は、逆転的にとても新鮮である。「くたくたにヨレた新鮮さ」という感じである。

僕は、これが「老い」という現象の始まりだと思っている。何かを懐かしがっているうちは若いのである。ベッドは60年代仕様で、即ち小さい。80年代仕様の壁紙はパステル＆ファンシーで、ってもらえる。

バスタブも小さい。何も変わっていない。そして僕程度のステイタスでも、ツインの部屋を宛がってもらえる。

それは、その時その時の恋人とユーミンのコンサートに来て、終わったら怒濤のロマンチック成分（全盛期のユーミンっすよ！　おわかりかね諸君！）を吸引しすぎたふたりが、あまりの恋の気分に胸を壊しそうに痛めながら、全裸で熱烈なキスを繰り返し、そのまま眠ってしまった記憶をきちんと再生させる。しかし、そんな素晴らしいものが再生されようと、なんかもう、全然懐かしくないのである。

今年は昨日ケンドリック・ラマーが来て、今日のメインはボブ・ディランである。新旧の天才がシンメトリーで、などとまとめる奴は馬鹿だ。この歳なのに、ボブ・ディランの思い出は『ウィ・アー・ザ・ワールド』で声の小さい、歌の下手な人」ぐらいしかない、それでもかなり懐かしい。そして何も感じない。

不謹慎な僕は「やっぱホフディランの人は最前列で観ているのだろうか？」といったギャグを思いついて、ひとりでケタケタ笑ったりしている。何度も入った風呂場の鏡に自分の姿を映すと、髭が真っ白で、法令線が深くなり、中年性というより老人性というべき痩せ方をした自分の姿が映っている。昔どんな奴が映っていたのか忘れたので、特に感慨もない。

ケータリングとかはない。部屋の冷蔵庫も空だ。窓からはフジロック名物、客のテントがびっしり並んでいる。昨日は台風で、一昨日までは、今日は台風が直撃し、第一回の悲劇が繰り返されると言われていたが、奇跡的にコースを捻じ曲げ、ものすごい天気である。

老いの実感は身体から、とよく言われる。だが僕は、心が先だったようだ。多少腰が痛いだけで、膝も肩も20代と何も変わらない。だが、「ああ、マジ老いたな」と思う。この「懐かしさ」への、奇妙で新鮮な無痛感覚。僕はガラケーでマネージャーに「今からヒルズライフの原稿書いて、時間があったら出番まで寝るわ。1時間前に電話鳴らしてくれ」とメールして彼のノートブックを開いた。

17　倉本聰の偉大さについて

——2018年8月31日公開

倉本聰（本名：山谷馨　当時83歳）ほどになると、「氏」とか「さん」とか「先生」という敬称の類さえ気軽には付けられない。黒澤明などと同じであろう。「映画監督の黒澤明さんは『影武者』という作品で、俳優の勝新太郎さんと揉めたそうです」は、エッセイスト平均でも、映画評論平均でも無理だ。端的に、バカだと思われてしまう。

とまあ、以下、敬称略でいくが（僕はエッセイストとしてのマナーで、なるべく、可能な限り、敬称を付けるようにしている。ジャズシンガーの綾戸智恵氏を、ある原稿で「綾戸智恵氏は」と書いたら、後に対談を申し込まれ、「あたし、名前に〈氏〉なんか付けられたん、あんたが最初で最後やわ〜」と、異様に喜ばれた。情けは人のためならず）、倉本聰の偉大さはやっぱハンパない。

「パねえっす」とか書いても良いのだが、僕はあまりこの修辞は好きではない。イタリア語でブレッドのことを「パーネ」というので、僕は日常的に結構な頻度で「パーネ」という言葉を口にする。「パーネもっとちょうだい」とか「パーネうまいねえ今夜」とか、色々。このこととのコンフリクトが原因だと推測している。と、僕の文章は必ず「カッコが多く、それが長すぎる」

と、読み書きもままならないバカに文句をつけられるので、バカへの挑発の為に、カッコを「より多く、より長く」と心がけているのだが、今、妥協してしまった（「イタリア語で」からカッコで閉じても良かったのに……。やはりまだ僕は物書きとしては三流だ。こうしてバカに阿ってしまっているのだから。あ、ちなみに「阿って」は「おもねって」と発音し、いやらしい妥協や忖度を意味します）。

その点、倉本聰はすごい。「知ってるよそんなこと。バカかお前は」等と仰るなかれ、僕は、倉本聰の脚本は基本的にそんなに好きではない。

好きなのは、映画だったらグループサウンズ映画の『ザ・スパイダースのゴーゴー・向う見ず作戦』（1967年）だけ（本作に於ける、故・かまやつひろしと堺正章の輝きはパねえっす）。テレビドラマだったら、幽霊コメディの『あなただけ今晩は』（1975年）（本作の若尾文子のキュートさはマジ卍パリピやばい）以外、大体ダメだ。後の、病的な内向性ロマンティークや、やがてUFO期待にまで繋がる反文明主義がもう既に現れているからで、こういうのは好きな人にはとても美味しく、そしてそっちがわの人々は我が国のマジョリティなので、安心して嫌いと言える。そこも大物の証だ。

とさて、いきなり話が変わるけれども、仕事柄よくインタビューを受ける。そうすると、俗に「おこし」という作業が待っている。インタビュアー（多く、編集者兼）が、録音したインタビューを文字に起こして原稿化し、送ってくるのだが、まあまあ、いちいち言うのも詮無い話だが、かなりの打率で「オレ、こんな風に喋ってねえし」ということが起こる。聞き違いによる単語の間違い、とか、編集者が興奮して、大げさに盛ってしまった。とかの話ではない。口調と文体の変換のことだ。

昭和の名だたるエッセイストは大抵このことを嘆くエッセイを書いているので、昨日今日はじまった話ではないのだろう（かの小林信彦は、この件に関して、僕など及びもつかない怨念と粘着性で嘆きまくった後に、実名で「唯一、素晴らしい編集者」の名を挙げ「この人が自分の1時間の談話を僅か数千文字に起こした時、一体どこが切られているのか、本人である自分が読んでも全くわからなかった」と書いている。いいなあ、今こんな人いねえかなあ。叶わぬ夢である）。

昭和と違うのは、現在、その「歪められてた口調」のフォーマットが単一だという点だ。昔日は、インタビュアーの数だけ、編集者の数だけ「歪め方」があったろうに。僕は幸か不幸か、物書きとしては21世紀デビューなので、その都度その都度、歪められ方が違うなどといった楽しみがないのだが、愚兄の菊地秀行先生などは、壁に頭を打ち付けて怒っていた（税金の高さに対しても同様の行動でアゲインストしていた。因みに）。

最近は、もうフォーマット一個しかない。手先が器用な奴が自動変換ソフトを作れるはずだ。絶対。

それは、「ネット口調」である。厳密には「SNS口調」というべきなのだろうが、SNSはおしなべて近年、日本版の10周年を迎える若いメディアなので、前行メディアであるミクシィ日記だの掲示板口調だのからの遺伝性を無視はできない。とまれ、Twitterの文字数制限の影響は甚大である。

倉本聰先生の偉大さに早く合流するためにも、早速実例を出そう。以下、「原料（テープ起こしに完全に忠実）」「希望（それを修正し、話し手＝自分が、「こう言いたかった」という理想像）」「現実（歪められたネット口調）」、の3段階を示す。勿論、具体例ではない。

1）原料

「だ、だからあ、そうっすね、あー、スーツ、テーラードの、テーラードはやっぱり、素晴らしいですよね。実際に経験しないとわからないことではあるんで、素晴らしい素晴らしいの連呼じゃ、ね、えー、まあ、能はない、ないんだけれども、今は、安価に、あのう、具体的な服屋さんの名前は出しませんけど、出してもいいか？　……あ、だめだな。えー、それはともかく、すみません……えーっと、だから、若い人にフルオーダーでスーツを作る喜びを知ってほしい。っていうか、つまりえー、そういう、昔はユースカルチャーじゃなかったものを、ですね、ユースにまで下ろす。玩具化でもあるんだけど一方、というか、ユースの意味が、もう、大人ってことの意味とね、液状化っつうか、形骸化っつうか、死ぬまで青春の星になっちゃってるじゃないですか、はい、そう思いますよ。いや、何かがじゃなくて全部。そういう服屋さんの意欲のあり方っていうのも目立ってきてますね」

2）希望

「だからそうですね、テーラードのスーツはやっぱり、素晴らしいと思います。実際に経験しないとわからないことではあるんで、素晴らしい素晴らしいの連呼じゃ能はないのですが、今は、若い人が安価に、フルオーダーでスーツを作る喜びを知ってほしい。という服屋さんの意欲のあり方が目立ってきていると言えます。つまり、昔はユースカルチャーじゃなかったものを、ユースに下ろす。これは一種の玩具化とも言えますが、ユースということの意味が、対語である大人液状化もしくは形骸化されてしまっていて、「死ぬまで青春」の星になっちゃってますから、オーダーメイドスーツだけじゃなくて、様々なことに同様の現象が見られますよね」

3）現実

「テーラード。テーラードはやっぱり素晴らしいってなる。実際に経験しないとわからないことで。素晴らしいって言ってるだけじゃ能はないわけで。具体的な名前は出せないけど、若い人にフルオーダーでスーツを作る喜びを知ってほしいっていう。昔は〈ユースカルチャー〉じゃなかったのに、玩具化っていうか。〈ユース〉の意味って、もう、大人ってことと液状化してる。死ぬまで青春の星になったな、って思ったり。そんな中で、いろんなことが起こってるわけで」

とまあ、今急に捏造したので、膝を打つような明快さに欠けるきらいはあるが、大体こういう感じだ。

「わけで。」「ってことで。」「思ったり。」は、句読点前の、終止における三種の神器である。僕は単純にこの言い回しが嫌いだし、嫌いな理由は、メディア（ネット）からカジュアル口語に転移して、それが再びメディア（ネットや雑誌）に戻されているから、と推測できる（昭和だと若者のストリートスラングがラジオ／テレビにコピーされる事がこれに相当する）。

一般人は、むしろこの現象を安心感、共有感とともに、陽性反応もしくは当然として迎える。これを嫌がるのはプロフェッショナルの物書きである（反作用として、これを嫌がらずに、あたかも流行に乗っている先端性だと捉えて、積極的に使う物書きもいるが）。

「オレはあんな喋り方してねえ」なんて甘っちょろい。ＳＮＳという冥府魔道、獣道では「オレはそんなこと全く言ってねえ」が拡散するのが日常なのだから。という適応性の強い方もいるだろうが、まあ、感覚的に無理&諦め、というところである、あくまで僕個人は。

と、僕個人の、メディアの文体の転移による記号化に対するアティテュードはどうだって良い。それより、ある日、僕は気がついたのであった。うわあああああっ!!

「わけで。」「ってことで。」「思ったり。」

これって、『前略おふくろ様』(1975年)と『北の国から』のモノローグに似てね? 似てなくね? 似てんじゃゃね? (敢えてのネット口調。俺コレ、喜んで連発するやつ死ぬほど嫌い)

「前略、おふくろ様。今日も自分は、しくじったわけで。不器用だといえば不器用だと思うしかなかったり。ってことで。大将はやっぱり優しい人で。本当に優しいんだなって思ったり」

天地神明にかけて、これ→は引用ではない。こんな雑なことを倉本聰が書くわけがない。というか僕はこのドラマを観たことがない。昭和の名作というのはすごい。観てもいない者に、トーンとマナーが伝わったのである。『北の国から』に至っては、主題歌まで諳んじられる。『北の国から』の純くん(吉岡秀隆さん)のモノローグは、『前略おふくろ様』で、初めて確立した「倉本モノローグ」の完成系である。そんなことまでわかるってどういうこと? 観てないのに! マジで!!

一度思い込むと（気がつくと）、もうそうにしか見えない。というのが人間である。僕は、優木まおみ氏と和田アキ子氏が、瓜ふたつであることや、永野芽郁ちゃんとTKO木下ちゃんが輪郭以外全く同じであることに気がついてしまう、気がつきやすい男である。そんな男が言うのであるからして、どうか信じてほしい。倉本聰は、かくも偉大だ。御年83にして、メディアが倉本節という癖の強い文体と同一化したのだから。如何な国民的な大ヒットドラマとはいえ、まさかあなた、SNSの口調に無意識的な支配力を振るうなんて、信じられます？　信じてもらおうにも、無理だと思うわけで。でも、信じてほしいなってことで。でも、そんなの無理だよな、って思ったり。

18 小説家になんかなれるもんか ——2018年9月30日公開

斜め読み、早食いの諸兄が増えている昨今、よく読んでいただきたい（タイトルを）。「小説家になんかなるもんか」ではないよ。「な〈れ〉るもんか」である。「君の恋人になんかなるもんか」と「君の恋人になんかな〈れ〉るもんか」ではぜんぜん意味が違う。単に「れ」の字を挿入しただけなのに。びっくりしたあ。

「君、デザートによくマンゴープリンばっかり食ってれるね」と「君、デザートによくマンゴープリンばっかり食ってるね」でも、絶妙に違う。「可能の〈れ〉」が、前置されている「よく」の意味にエフェクトを与えて、別の意味にしてしまっているのがわかるだろう。

「きくちな〈れ〉るよし」は「菊地成孔」と完全な別人だ。「き〈れ〉くちなるよし」もヤバい。固有名詞の中に置くと、「可能の」という効果を失って……って、テーマと全然関係ねえんだよ！（小説家よりもエッセイストが向いていることの、さりげないアピールだと信じたい）

と、せっかく、気ままな逸脱が楽しかったのに、大人であらんとする意識によって嫌々本題に戻るが、さて、僕は小説家になんか絶対になれない。愚兄はそこそこ有名な小説家なのだけれども、ピーク時は80年代で、今はあんま書いてないと思うのだけれども、それでも個人性つまり作家性の強い、小説家という職業には（小説家に対して「作家性」というのは反復みたいに感じるだろうが、例えばCM業界では、音楽担当者を「作家さん」と呼ぶ傾向がある。よくよく考えてみれば、クリエーターは全員「作家さん」なのだから、これは昭和の御代に小説家が持っていた凄い権威が、広汎な意味を持つ言葉を独占した例といえるだろう。今は大分解放されてきてるけどね。手作り家具の人も、漫画の作画家も、オリジナルのスフレパンケーキ焼きも作家さんだ）、根強いファンがいて、音楽家のように飽きられたりオワコン（懐かしい。これってリア・ディゾン用に作られた言葉？）になったりしづらい。

もちろん、音楽マニアにとっては、飽きていくのは消費というよりむしろひとつの愛の作法であって（いつまでも「この一曲」だけを大切にして、ずーっとしがみつかれるのは、音楽家の方も苦しいものだ。音楽は、愛が強いカスタマーであればあるほど、「この一曲」は胸に秘めたまま、次々新しい曲を漁りつづけ、やがてあきらめる）、悪いことではないのだが、とにかく小説家というのは、だいたい詩人に近くイメージされていて、つまり、ひとりだけで孤独に、個人的な情念をロマン主義的に綴っていると思われていて、ここに、読者からの強い移入や同一視が働く。

インスタグラマーやユーチューバーへの支持のあり方も全く同じだ。情念だのロマンだの言わないが、とにかくひとりで好きなようにやっている。今、音楽家を、詩人やインスタグラマーのように、「たったひとりだけで」作っていると見做す人はいない。本当は一番最初から音楽は、ひとりでは作れなかったのだが、少なくとも20世紀いっぱいは詐術が働いていた。音楽家を「アーティスト」とか言っちゃったりしてね。画家みたいなイメージでしょう。音楽家が、ライブの途中もしくは最後に、ひとりで弾き語りをやるのは、その価値の担保である。

音楽家の癖に詩人ぶって「アーティスト」と呼ばせ始めたのは、ギターの弾き語りを生業としていたフォークシンガーだと思う。あいつらホントに鼻持ちならねえよ（笑）。「テレビになんか出ない。消費や誤解されるのが嫌だから」とかほざきやがって（笑）。みんな悔い改めたか、面の皮が厚いか、ほぼほぼ全員が後にテレビに出まくり、今はSNSをやっているが、消費と誤解のされ方は地上波の千倍速ですよギター弾き語り吟遊詩人の皆さん（笑）。

と、例によって、自分でも驚くべき迂回もしくは鵜飼の力によって、全然話が進まないわけだが、実の兄弟だからあえて名を伏せるとして、小説家の菊地秀行先生は、全盛期の遺産で、まだマーケットがホットだ。まず第一に、というか、第二も第三も含めて、序列なきゾルゲル状になってんですけど、僕はああしたファミリアなマーケットのあり方が苦手だし、小説なんて、そもそもどう書いていいかわからない。主人公の名前とか決めて「黒蔦は」とか「美子は」とか書く段階で、ウッヒョー！　無理無理無理無理！　と寒気がする。タイトルにある通りだ。

それでも、愚兄のせいなのか、エッセイや批評がそこそこ面白いと思われているのか、あるいは個人的な情念がロマンチックに燃え盛っていると思われているのか、僕に小説のオファーが途絶えたことはほぼない。

さすがに何十年も断り続けて、減ってきたとはいえ、ひどい時は「うちに書いてくれれば◯◯賞は保証しますので」という大意を、遠回しに言われたこともあり唖然とした。

多分『群像』だと記憶しているが、小説を書けも何もなく、今ではどこで何をやってるかもわからない、才能のかけらも感じられないインディー映画の監督と対談させられ、「本物のバカだなこいつ」と思いながら、クソのような作品を丁寧に褒めて、楽しく対談を終えて帰ろうとしたら、「はい、これは〈対話編〉、次回は〈実践編〉」と、完膚なきまで意味がわからないことを言い出したので、「はあ？」と言ったら、「実践」というのは「小説を書く実践」であって、要するに、最初から、小説を書いたことがないバカ監督とバカ音楽家に対談させ、文芸誌として権威あるウチが君たちに小説を書かせて、ウチに掲載してあげよう。しかも、文芸批評家の先生にコメントももらえるからね。という、今だったら完全にパワハラで訴訟が可能な、恐るべきどっきりオファーで、二度「はあ？」と思った僕は、この、昭和の既得権を振り回す、戯画的なまでの権威主義に対し、どうすれば最も嘲笑的で、侮蔑的で、嫌悪的な最大効果を与えられるか熟考した結果、ちょっと前のふざけたブログを、規定文字数だけコピペして、タイトルもつけずに送りつけたら、編集部に『大冒険（苦笑）』というタイトルが付けられて掲載された（「苦笑」までタイトルである。因みにクズ監督は、律儀に小説を書いていた。テーマは「9・11同時多発テロの映像を見たことによって、感覚が変容してしまった自分」ウケすぎる・笑）。文芸批評家は「この人は筆力はあるが、まとめる力がない」と書いていた（笑）。

今、いったいどんなんなってるのだろう？　料簡を改め、まともな文芸誌になっていることを親心のように祈って検索したら、最新号の、推しの3作のタイトルが、一文字も読めなかった（笑・嘘だと思ったら検索してみてください。絶対、中国の小説を特集したと思うから）。特集名は「季・億」。もちろんコレ記憶のことですよ。ここまでダサい言語感覚みたことない。SNSのが兆倍すげえ。頑張れ『群像』、いや頑張るな（笑）。そのまま行け。

と、全然ダメだ（笑）、途中で『群像』のことを思い出したら、アネクドートが止まらなくなってしまった（笑）。とにかく小説は書けない、書けないのに、書けると思われている、思われ過ぎて、恐ろしくなり、嫌々いくつか書いた。結果は冒頭へ。期待した奴らは去ってゆく。最悪のサーキュレーション。

おかげで酷い思い出しかない。過剰に期待をかけられた子供の精神状態は虐待されている状態に近いが、辛うじて大人だったから助かっただけだ。

なのだが、人生とは不思議なものだ。来月、十数年ぶりで小説を出版する。どうして書くことになったかは、なんかのメディアに書くかもしれないし、書かないかもしれないが、少なくともこれは嫌々ではない。企画がコンセプチュアルで楽しそうだったので。歌舞伎町を舞台としたチャラいバタイユみたいなもんで、エロ小説がエロすぎてだんだん苦しくなるような奴だ。「新宿歌舞伎町バタイユ」というと、多くの人が何らかの店（劇場かもしれないが）を想像するだろう。

勿論、職業小説家になるつもりなんか全くないし、なれる筈もない。小銭稼ぎの遊びとして、楽しそうだからやってみただけだが、我ながらちょっと気に入っている。こないだ一本だけ映画に出させられたのだが、あれの感覚に近い。

表現したかったのはエネルギー／リビドーの苛烈さである（まあまあ、例の蕩尽理論である）。この小説は立ち読みはできないシステムになっている。通販もない。新宿まで来て買うしかないのである。誰が買うのだろう？　驚くべきことに、企画者の石丸元章には勝算がありそうなのである。タイトルは『あたしを溺れさせて。そして溺れ死ぬあたしを見ていて』。

19　『2001年宇宙の旅』デジタル4K／IMAX鑑賞　――2018年11月1日公開

いきなり書かないと書く場所がないのでいきなり書くけれども、記号ってのは、かなりの限定性の中で作られるものだから、とんでもない同一があったりするんだけど、「4K」「8K」って、どうしても「高学歴、高収入、高身長……」とか「臭い、汚い、キツい……」とかいうアレを思い出してしまうのですよね、ワタシは。でも、全く連想しない人（「高学歴……」の方を知らないんじゃなくて、知ってても尚）もいるよね。これって絶対、インターネットでしょう（「21世紀」という意味合いも含め）、記号の類似性を限定的なゾーン内で、類似や同一として結びつけてしまう「狭さ」はインターネットの、無意識にも似た「広さ」と対偶にあると思う。

だって「EDM」って「エレクトロニック・ダンス・ミュージック」の略なのよ。これ最初に聴いた瞬間、爆笑しそうになって、コンマ1秒後に、笑いが止まったもんなあ。今っぽいよ。実に。音楽用語で「IS」っていうのが流行ったとして、意味は「インスト・サウンド」だったりしても、誰も絶対にイスラム国のことは連想しない。そもそもIS自体が、動詞のisと同一視されない。元祖は「IT産業」「AV機器」辺りだと思うけどね。この能力、一種の解離だけれども、解離しないとやってけないもんねえインターネット、そして現代。と、あー、枕が終わってスッキリした。あのこだわり屋クリストファー・ノーランがマスタリングしたという、かの映画史上のクラシックス（↑コレも「え？　クラシック音楽使ってるから？　あの映画」と思っているお父様方いっぱいいると思いますよ。クラシック音楽以外で「クラシックス」って言うんですよ。「クラシック音楽に似た作品」っていう意味じゃないのです。しまった！　スッキリした瞬間に枕に戻ってしまった！　二度寝じゃないかこれでは！）を観てきました。っていうか、「体験してきた」っていう方が近い……というのは、スンマセン、いかにも馬鹿の言いそうなことを敢えて言ってみせるという、まるで悪意でもあるかのような修辞ですが（笑）、悪意はないですすどこにも。単に強調したかったの。「IMAXってやっぱでかいなあ」以上の効果がなかったことに。というか、この映画の「〈観る〉というより〈経験する〉という方が近い性」は、どんなサイズでも、おそらくスマホで観ても同じだ。やっぱ凄いですよ。キューブリック論なんか書いちゃうノリの連載じゃないけど、とにかく怖っいの。キューブリックの本懐は恐怖心であって、怖くないのがマジ1本もない。

『時計じかけのオレンジ』みたいな、ポップな怖さが売りになってる奴はいうまでもなく『バリー・リンドン』だの『博士の異常な愛情』だのの、いかにも怖いですよ、といったシーンではない、何気ないシーンに張り付いた物凄い緊張感と恐怖は、おそらくキューブリックが世界というものをものすげー怖がっていたことの証左であると思うわけですが、明らかなホラーである『シャイニング』なんかより一番怖いのやっぱコレじゃねえかなあ？　っつうほど怖いです。

クッソおしゃれ（キューブリックが「ＬｏｏＫ」等、写真誌のカメラマンだったことは有名ですが、ほぼほぼ『ナック』のリチャード・レスターなんかと同じセンス。というか、偏執狂のリチャード・レスターみたいな感じです。レスターの『ナック』『ジョン・レノンの僕の戦争』『不思議な世界』は、逆に正気のキューブリックみたい）な全編を通じてずっと怖いんだけど、中でも一番怖いのは（軽度のネタバレ）、モノリスが月までしか発見できてなかった段階で、フロイド博士一行がモノリスに触れるんだけど、その瞬間には一切何も起こらない。っていうスカしですよね！　背筋震えるぜ!!　次の瞬間に凄いショックが来る、とかいった、恐怖映画なんかの1秒スカしじゃなくて、本当にスカしたまま映画が進んじゃう。こんな怖いことあるか。

『シャイニング』『フルメタル・ジャケット』『アイズ ワイド シャット』と、晩年、ストレートに怖い題材を扱ってから、キューブリックは天才があれよあれよと脱輪する様を見せて亡くなるわけで、ギリで引っかかってるのが『シャイニング』だと思いますが、あれだって最後のオチは極大のスカしだもんね。「ええ？……」っていう余韻がものすごい怖いわけです（キングの原作をバカにしてるぐらいスカしている）。

と、話戻りますが、怖いだけじゃない「経験性」は、むしろ映像美に帰属するものではなかった、という事がわかっちゃった、というのが今回の最大の収穫かもしれない。もっと厳密に言うと、「映画における本当の経験性は、具体的なサイズ感＝ドラスティックなスペクタキュラーとは無関係である」という、やっぱもう、〈『2001年宇宙の旅』を、公開50年後にデジタル4K／IMAX鑑賞〉しない限りわからないような、痺れる原理を教えてくれたわけです。『アバター』なんて、小さく見たらなんともないんだから！　ダメなクラブミュージックと一緒ですよあんなもんは。

特に、木星へのスターゲートを抜ける、例のサイケデリックなライトショーは、絶賛と脱帽が義務付けられているようなこの作品で、唯一、ちょっと文句言って良いトコだったんですが、「IMAXで観たらさぞかしブッ飛ぶだろうな」どころか、感覚としてはホームムーヴィーの父ちゃんの寒い芝居が、でっかいスクリーンに映って、顔が真っ赤っ赤になるような感じで、やっぱ天才も流行りもんに手を出すと、後々まで悪手として残っちゃうから怖いなー怖いなーと、別の意味で怖いわけですが、そんな小さい傷は、目えつぶってれば見えないわけで（笑）、やっぱ全編にわたる、腹の底から震えるような冷たく恐ろしい感じは素晴らしく、進化と宇宙意志、みたいな哲学的（？）なテーマもあんまりどうでも良く、ノーランは気合いれて大分頑張ったと思うけど、同時にノーランは無力感も感じていたはず。

とさて、前述の『シャイニング』と並び、骨の髄までしゃぶられても、全く消費された感の無い、気持ち悪いぐらいのフレッシュさに満ち満ちた本作ですが、結論として、デカいことには全く意義はなかった。っつうか、餅は餅屋で、マーベル映画のがＩＭＡＸ用ですよね結局。もし『２００１年宇宙の旅』のヤバさ、その本質を50年後に味わうなら、有効な順に

1）そのままリヴァイヴァル上映（リマスタリングもなし）
2）モノクロにする（これはかなり良いと思う。というか、今や自宅で自分で観るだけならすぐ出来る。やってみよう！）
3）日本人がリメイク（当時に）

だと思いました。

＊脱稿5時間後の追記＊
やっぱモノクロ最高でした。お勧めしますよ！　どこが一番凄かったでしょう？　正解はスターゲート通過のサイケなシーン（笑）。誰か分析して!!

20 もうオレは諦めた、もう星野源さんに頼むしかない

——2018年12月1日公開

もうオレは諦めた。8年間やっていた自分のラジオ番組も終わってしまって、いつか番組でやろうとしていたが（それが一番メディア的に良いと思って、8年間タイミングを見計らっていたのに、先月突然「年内で打ち切り」になってしまった!! TBSラジオのバカ〜!! 笑）、できなくなってしまったのである！！！！

「お前はジャズミュージシャンなんだから、むしろ簡単にできるだろ」などと言うなかれ。逆に難しいんだよそれは!! 話が一気にデリケートになっちゃうんだよ。そもそもあんたよく知らないでしょう日本のジャズ界の話なんて。逆に面倒くさくなっちゃうんですよ!! まあ、門外漢は誰も知らない世界にしちゃったコッチに責任があるけれども!! ああ、ありますよ!! ありますとも!! 大有り名古屋の拙者うぃろう売りと申すが以下略だすげえ長げえから！！！

「ちょっとベース弾いてくれませんか、僕のソロ・アルバムで。あのう、レコ発、ブルーノート青山なんですけど」じゃあ、話の規模がもっのすげー小さすぎるし、缶ビールのCMかなんかで、渋っぶーい感じで、モノクロ画面でウッドベースをボンボンボンボンッとかソロで弾いちゃ

って、「誰これ？　黒人？」と思ったら……いかりや長介さんだった！　って、二番煎じになっちゃうだろ!!　ってかテレコなんだよコレは!!　こん時のPとD出てこい!!　センス良いじゃねえか!!　でも、長さんじゃねえだろこれはさー!!　後先考えてくれよ!!　っていうか、昭和史ぐらい勉強しとけ!!　まあ、長さんのが先に亡くなったから、結果として……やっといてよかったけどね。

　最後のクレイジーキャッツ、犬塚弘さんは来年の3月末、まさに平成が終わると同時に卒寿、90歳である。どうする、どうする、どうするんだ？　クレイジーキャッツをリスペクトする者は。誰が聞きに行くの？　「犬塚さん、まだ〈縦〉（アコースティック・ベースのこと。ちなみにエレクトリック・ベースは〈横〉）弾きます？」なんつって、お前が行けよ？　行けねえよオレはー！！！　クレイジー愛国少年だよ!!　『クレージーの怪盗ジバコ』まで全部付きあったんだから。どのツラ下げて「犬塚さん。私、ジャズ屋やってまして。山下洋輔組の若え衆やってまして」だよ!!　犬塚さんがご存知ねえだろフリージャズなんてさ！！！

　いいか平成がどんな時代だったか、セブン&アイの製品ばっか喰ってるお前らにもわかるようによーく教えてやろう!!　平成ってのはなあ！　クレイジーの面々が、ひとり、またひとりと鬼籍に入るのを数える年号だったんだ!!　きつい年号だったぜ!!　初めにハナ肇亡く、ついで石橋エータロー亡く、安田伸亡く、巨星植木屋落ち、青島幸男亡く、谷啓亡く、桜井センリ亡く、もう犬塚さんしかいないんだよ!!　え？　全然わからないんですけど（笑）？　良いよじゃあ!!　もう読むなこの先（笑）!!　クレイジーも知らねえ奴がオレのエッセイ読んだって、馬の耳に念仏だ!!　ワンクリックで消してみせろよ!!　ほら!!　消せ消せ!!

ボックス何個持ってようがそんなおたくみたいなことじゃダメなんだ!!　浅草の東宝にオールナイト何回行ったかって話ですよ!!　え？　それだっておたくじゃねえかって？　まあ……そうだけどね……日劇も間に合わなかったし、シャボン玉ん時は必死に食らいついてたけど、末期だったしさ……いや！　ここでしょげたって仕方ねえ!!　とにかく誰かがやらなくちゃいけないことでしょ？　そういうことが、今の日本にはいっぱいあるはずだ!!

犬塚さんがまだお元気なうちに、ちゃんとした舞台をご用意して、ちゃんとした客と、ちゃんとしたサイドメンをご用意して、ベース弾いて頂くのが、いつの間にか、こんなに大変なことになっちゃったんだよ!!

オレは!!　自分の!!　ラジオ番組にお呼びして!!　どんな昔話にも全部お付き合いして!!　最後にちょっと……ええー？　出来るかなあ（微笑）？　……そこをひとつ……曲はこっちで合わせますんで……アレキサンダーズ・ラグタイム・バンドでもスターダストでも犬塚さんうすぎたねえ話ですけど（耳打ちして）四分音符一個につき5万で……ははは、君面白いねえ、やめてよそんな（微笑）……スイングスタイルで良いの？　やっぱバップ？　あんまやってないけどねバップは……あ！　お聴きのみなさん！　犬塚さんがネック持ちましたよ！（ボーン、ボーン）あ！　犬塚さんがチューニングしてるー!!（ボーン、ボーン）ああああああああ死ぬー!!　みたいなことに!!　し!!　た!!　か!!　った！　の！！！！！！！！

でも、もう無理だ。オレはメディアを失ってしまった。嗚呼。どんなことにも悔やまないで来たおかげでここまでこれたオレが唯一悔やんでいること……しかし、まだ諦めねえぞ！　日本で唯一、これが出来る才覚と地位と財力を持ち合わせた人間がいるのだ！！！！

なんで誰も、星野源さんがクレイジーキャッツをお一人で抱えておられるか、一人シャボン玉ホリデーで、一人クレイジーキャッツでおられるか指摘しないのだろうか？　星野源さんこそ、クレイジーキャッツのミックスブラッドにして継承者だ。そりゃあ頭の良い人だから、彼は人様に通じねえ話を延々としたりしない。細野晴臣さんの精神的な直弟子であることをフロントに出しとけば、この国のマーケットでの得票数は固い。恋ダンス踊ってるうちの7割はわからないかもしれない。でもそれで良い。原宿でライディーン踊ってたタケノコ族だってクラフトワークもバッファロー・スプリングフィールドも知らねえさ。

だから星野源さんがクレイジーの遺伝子を、結構ベタなぐらいに振りまいても、誰もわからない。誰もわからないということは即ち暗号だ。解読できる人物は少ない。悪いけど解読させて貰ってますよ。ニイタカヤマノボレ。ハマ・オカモトくんが解読してなくたって、三浦大知くんが解読してたら気持ち悪いわ(笑)!! でもこのオレには解読できてしまったんだから仕方がない。オレにとって星野さんが「一人クレイジー」であることは暗号なんかじゃない。記号だ。

身長は桜井さん、マスクは桜井さん安田さん植木屋の面影ミックス、ギター持つ姿、スーツこそ細身のジャイヴィーアイヴィーじゃないけど、歌う前に手を上げて元気に挨拶、間奏で踊る踊り子に、「かわいいね」「いやあやっぱ上手だね」とか楽屋オチ的に話しかける、全部これは、植木等の遺伝子である。オレは『恋』も『アイデア』も、テレビで観るたび泣いてしまう。この、犬塚さんおひとりを残して、クレイジーキャッツという偉大な運動体が、ゆっくりゆっくりと天国に転居してゆく平成という筋の悪い年号の最後の方に、全盛期のクレイジーが持っていたシャボン玉テイストを、暗号として楽しんで振りまいている才覚がいるからである。ちゃんとコントもしてる。おばあちゃんの格好しないでクレイジーぶるなんて許されねえぞ!!

誰に話したってわかっちゃくれない。でもそれでいい。みんなが、ああ、わかるわかるって言って何が嬉しいんだ! オレにはわかる!! オレにわかればそれでいい! 黙ってオレについてこいってんだ!!(誰もついてこないけどね)

『アイデア』を、女流脚本家の先生に「『恋』……をお代わりで♡」かなんかの安いオファーで書いた「似たような曲」「自己模倣」なんてお安いこと言ってると火傷するぞ! イントロこそ細野リスペクトのオートマトンだが、クレイジー血中濃度はむしろ上がっているからだ! そんなこと、大瀧詠一さんが死んじまって、巨泉さんが死んじまって、小林信彦さんが流行歌なんか聞かなくなっちまったこの国で、誰にもわかるはずがない。

途中のカメラオフから、ギター1本でバラードになる。もうそれだけでも充分シャボン玉なのに、芯が喰えてる人は違う。歌い終わって、黒子にギター渡して、この間が無音であること、今ならいくらでも、ステージ上を徒歩で移動してることなんか隠せるのに、敢えてトコトコトコとメインステージに歩いてゆくところを見せること、そしてその際、高い確率で、カメラに脇から斜めに顔を出して、洒落た茶目っ気を見せて、それから歌いだす。あれが植木屋じゃなくって誰だっていうんだ！　頭が良くて欲張りな人だから、手打ちのサンプラーだの、恋ダンスと違って「誰も踊れない」間奏を三浦大知とコラボで、という、硬軟取り混ぜた現代性も入れ込んでるけど、中枢にはクレイジーがある。ＹＭＯがギター抱えて、イントロで「こんにちはー！　イエロー・マジック・オーケストラでーす!!」なんて手ぇ振るか？　コントのオチみたいに銅羅ならすか？

星野源さんが何やったって良いよ。イントロが後一万曲エキゾチックトロピカル・ダンディだって、かなり文学的な歌詞が、日本版のファンクを追求して、レキシとかエンドリケリとかみたいにならない軽みでもって、永久にサラサラグルーヴしてもなんも文句ないね。在日ファンクなんて論外ですよ。なんかの番組で、ハマケンが谷啓やってたけど、コースが違うよそもそも。

だから、これだけはお願いしたい。あんたにしかできない。恥ずかしながら、今の日本のジャズ界には、犬塚さんはお呼びできないんだ。だからあんたにしかできない。筋の悪い平成が終わって、もっと筋の悪い、悪手ばっかり打つオリンピックが来る。そん時、昭和をノスタルジーやクラシックスの文脈じゃなく捉える、っていうか、今時クレイジーにリスペクトして、誰にも気づかれないままチャートアクションするなんて離れ業は、あんたにしかできないんだ。最後のクレイジーキャッツに、どんな格好でもいい、ベースを弾かせてくれよ。やらないだろうけどね。だけどわかってほしい、願って願って願って諦めた人間がここにいるってことを。

21　メリークリスマス。少し遅いけど

――2018年12月29日公開

今これを12月29日に書いている。メリー！　クリスマス！（&メリークリスマス！　メリークリスマス！　ミスターローレンス。で、ニヤリ。本当になんなのあの映画のエンドシーン）ぶっちゃけどうすか？　言われてみて。ご気分は。もう一度、メリークリスマス!!

僕がいるジャズ界、の中の、最もオーセンティックでクラシックな人々にとって、12月はクリスマスソングで稼ぐ月だ。文字数稼ぎにしか見えないからいちいち列記しないが、「ジャズのスタンダード・ナンバー」と言われているものの中で、クリスマスソングが占める割合は、僕が知る限り一番高いし、ハッシュタグ付けて「実際に当日演奏する」としたら、唯一無二ぐらいに高い。

ポップスのオリジナル・クリスマスソングとしてはポール・マッカートニーのアレが有名だが（アレがシングルのB面だったことも併せて有名だが）、アレとて、クラシックをはじめとして、マッカートニーのポップ・モンスターとしての引き出しの中から、ジャズの遺伝子を抽出したような曲……というより、端的にあの曲は、マッカートニーがジャズの作曲家に見えるようなところが

ある。
クリスマスはキリスト教の本場であってもエンタメなのである。本来なら聖歌ですむ筈だ。儀式性を離れたポップソングとしてのハロウィン・ソングとかサンクスギビング・ソングとかイースター・ソングなんてない（と、思う）。日本なんて、お正月の歌と盆踊りと各種民謡を別にすれば、詰まるところどんどん再生産される〈ポップ〉という意味では卒業式ソングしかない。

とまあ、話はこんなちょこざいな分析ではない。もっと下部構造に横たわる問題、それは「何故、クリスマスソングは、クリスマス当日までしか演奏され得ないのだろうか？」ということである。さらに厳密に言うと、「何故クリスマスソングは、1カ月近く前から演奏され、当日でピタッと止むのか？」という点だ。

街のクリスマスイルミネーションと一緒だ。もう最近は、バレンタインデーやハロウィンに押されてると言われながらも、11月あたりからクリスマスイルミナティークは始まる。そして、26日になったら、まるで賞味期限が切れたコンビニの商品のように……というか、まるで、12月26日にコンビニに並んでいる、クリスマスケーキみたいにみじめな物になるのか？　卒業ソングを12月に歌っても良さそうだし、正月の歌は、三が日過ぎてもサスティナブルに1月中旬ぐらいまで大丈夫そうだ（まあ、そもそもクラブで歌ったり演奏されたりしないけどさ・笑）。

「いやあ、それは神道や仏教と、キリスト教の違いでしょ。曖昧なんだよ日本のものは」というのは、単に立論として成り立っているだけで、全く実感がない薄っぺらな、ネットのつぶやき程度の発言だ。前述の通り、クリスマスは、キリスト教国に於いても、ガチ宗教行事の側面を遥かに超えて、かなりエンタメでポップなのであるし、然るに、異教の国、無教の国、複教の国々でも、消費行動と、ファンタジーとしての宗教行為として行われる。ユダヤ人コメディアン、アダム・サンドラーの、有名で強烈な『ハヌカ・ソング』は、最もツイストしたクリスマスソングである。

僕は2006年の年末から、2007年の正月三が日をモロッコで過ごした。今は亡き『エスクァイア日本版』のジャーナリストとして、モロッコとポルトガルの音楽シーンのレポートに行く、というのがミッションだったが、キリスト教国ではない国のクリスマスと正月がどんなものかレポートしてくる。という側面もあった。

ベッドもトイレもバスタブも砂でできていて、夜市のチョコレートケーキには砂が入っている、『デューン 砂の惑星』でも、もちろんクリスマスはあった。何せ僕がモロッコ入りした12月27日からモロッコを離れる1月2日まで、街にはサンタクロースが居て、砂まみれの携帯電話やその基盤、カセットテープ、洗濯機で羽を毟った鶏肉や、すぐそこで包丁で叩き切られた豚のスペアリブ、新聞や雑誌などを淡々と売っていた。もっとも砂まみれなのは、モワモワしたサンタ服それ自体で、1月2日には灰色がかった赤になっていた。まあ、せっかく高いのを買ったんで、勿体ない、ということだろう。

もちろん、クリスマスソングなんて街には流れていなかったし、カウントダウンの催しもなかった。カサブランカやタンジェと並ぶ大都市であるマラケシュの最高級ホテルにいたのだが、大晦日の夜11時ぐらいから、先ずは街が完全に眠ってしまい、ホテル内も、バー以外、11時以降は営業していなかった。これは、敢えて早いという意味ではなく、他の普通の日と一緒。という意味である。新年になった瞬間、ホテルのバーには僕の一行と、イタリア人のカップルの2組しかおらず、僕らは持ち込んだカップ麵を食べた。要するに、正月は完全になく、クリスマスもかなりいい加減、ということである。

と、こんなカビの生えた思い出も、今回のテーマではない。今回のテーマは前述の通りだ。11月あたりから、12月23日までにクラブやライブハウスをブッキングしたミュージシャンは、ガッツポーズぐらいの勢いで、当日のセットリストにクリスマスソングを入れられる。ボーナスとして。

そして彼らは、結構洒落たこと、粋な計らいをどうぞ。といった感じで、全く恥ずかしげもなく、優しいドヤ顔でこうMCするのだ。

「じゃあ、次の曲は……えと……我々から皆さんに、クリスマスソングを（軽く感極まったような、静かなイエー、という拍手）プレゼントさせていただきます。（溜めを効かせてから）……ちょっと早いですけど（微笑）」

なんだコラ？（笑）、こんな下衆ギリギリの野暮を、「まあ、やる方もやられる方も喜んでるんだからよかろう」なんつって、無理してリベラルぶる必要があるのだろうか。なぜ、他の物件では絶対しないのに、本件だけでは、「内心でガッツポーズ取ってるのに、さり気なく振舞ってみせる」なんて、あざとくセコい小粋を楽しむのだろうか？

さらに言えば、楽しみたいなら楽しめばいい。貧乏くさくともダサくとも、良いんじゃない？互いに楽しくやってんのに、やっかみやら噛みつきは反則ですよ。何事もリベラルに行かないとね。

しかしだ、それならば、僕は、26日以降しかブッキングできなかったミュージシャンにも同じギフトをあげるべきだと思う。

「じゃあ、次の曲は……えと……我々から皆さんに、クリスマスソングをプレゼントさせていただきます。（溜めを効かせてから）……ちょっと遅いですが（微笑）」

というMCに、「軽く感極まったような、静かなイエー、という拍手」が与えられないのは不公平だ。というか、僕はもう何年も、この「ちょっと遅いですけど」が言いたくてしょうがない。これこそが混迷する現代社会における、本物の粋、というものだろう。えーと、半分冗談、半分本当である。「あなたの今年（「平成最後の」はギャグでもNG）のクリスマスは、如何でした？」

とさり気なく聞ける希少なチャンスじゃないの？　では皆さん、今日は年の瀬の忙しいところに、聴きに来てくれてありがとうございました。あなたの今年のクリスマスは如何でしたか？　はい、では、マル、バツ、サンカクでいきましょうか？（笑）挙手や拍手なんか求めませんよ。学校の教室じゃあるまいしね……咳ばらいでお答えください（笑）。ではマルの方（丁度良い、想像と全く同じ量の、ゴホ、ゴホ、ウーン、ゴホンというサウンド）、バツの方（ちょっと多めの咳払い）、三角の……まあいいか（笑）。では、ええと、次の曲は有名なクリスマスソングですのでご笑納ください。あの……ちょっと、遅いですけどね（軽く感極まったような、静かなイエー、という拍手。あら、意外と簡単にイケたよ・笑）。

2019年

流行語大賞「ONE TEAM」

1月8日　レスリング女子 吉田沙保里が現役引退表明
1月16日　横綱 稀勢の里引退
1月26日　テニス女子 大坂なおみ 全豪オープン優勝
1月27日　嵐 2020年末で活動休止を発表
2月12日　競泳の池江璃花子選手 白血病を公表
2月22日　はやぶさ2 小惑星着地に成功
2月28日　2回目の米朝首脳会談 非核化の進め方で合意できず
3月21日　イチローが現役引退を表明
4月1日　新元号は「令和」 出典は万葉集 官房長官発表
4月4日　ピエール瀧被告 保釈
4月15日　ノートルダム大聖堂 火災
5月1日　天皇陛下ご即位 令和に改元

5月25日　トランプ米大統領が国賓来日
6月5日　蒼井優さんと山里亮太さんが結婚を発表
6月16日　香港史上最多デモ約200万人
6月28日　G20大阪サミット開催
7月6日　「仁徳天皇陵」など　世界文化遺産登録決定
7月18日　京都アニメーション放火殺人
7月24日　英首相にEU離脱派ボリス・ジョンソン氏
8月3日　米テキサスで銃乱射　20人以上死亡
8月7日　小泉進次郎氏と滝川クリステルさんが結婚を発表
8月18日　あおり運転　手配の男逮捕
9月20日　ラグビーW杯開幕
9月23日　グレタ・トゥンベリさんの怒り・国連気候サミット閉幕
10月1日　消費税10%に引き上げ
10月9日　吉野彰氏　ノーベル化学賞
10月26日　米　IS最高指導者死亡
10月31日　首里城　正殿など主要部分全焼
11月9日　ベルリンの壁崩壊から30年
11月16日　沢尻エリカ逮捕
12月14日　フランス女優　アンナ・カリーナ死去
12月25日　IR汚職　秋元司衆院議員逮捕
12月29日　カルロス・ゴーン被告　レバノンに不正出国

22 トリコロールの一角黒に（M・ルグラン追悼）
――2019年2月1日公開

トリュフォーの『大人は判ってくれない』を第1作とする限りにおいて、「ヌーヴェルヴァーグ生誕60周年」である今年、ミシェル・ルグランが逝去した。最も残念なことから書かねばなるまい。それは亡くなったそのこと自体より数万倍残念だ。ルグラン（敬称略）の躁病気質でワーカホリック的でもありながら、芳醇でエレガンスに満ちた、偉大で膨大な仕事の数々を、どっかのネットニュース（日本の）が見出しでまとめて曰く、

〈「あの、『La La Land』にも影響を与えた」〉

……。もう日本人は、フランスに関してはワインとビストロ料理だけにして、3つ星のシャトーレストラン、フランスの音楽、フランスの映画に関しては口をつぐんだ方が良いと思う（あこ）。とまあ、それは兎も角、あのナディア・ブーランジェに、あのパリの音楽教育の頂点CNSMDP（Conservatoire National Supérieur de Musique et de Danse de Paris パリ高等音楽／舞踏学校）で、あの（学内で最も厳しいと言われる）伴奏クラスで薫陶を受け、お姉ちゃんがあの「シャバダバダ」を世界中に広めたザ・スウィングル・シンガーズのリード・ソプラノ、クリスチャンヌ・ルグラ

ン。指揮者で作曲家で映画音楽もやっているレイモン・ルグランの名前は「ミシェル・ルグランの父」として、ルグランのプロフィールでのみ知ることができる。夫人はハーピストで、晩年にはふたりで演奏してるCDなんかも出しているが、50年代末からつい4年前までにわたる仕事ぶり、その全貌は圧倒されてイヤになるほどの質量である。

お疲れ様でした、と言うのも気が引ける。おそらくルグランは、全く疲れてなかったと思う。まだかなりの数のライブがブッキングされており、それには来日公演も含まれていたと云う話もある。

おそらく、研究家の濱田高志氏が、丁寧かつ愛に溢れた追悼をどこかのメディアでなさっている筈なので、検索してみて頂きたい。フランシス・レイが昨年の冬、奇しくも同じく86歳で亡くなったばかりである。言うまでもなく戦後のフランス映画界を、天才的な筆で染め上げた、ルグランの盟友であるし、あの「シャバダバダ」をローカル・レヴェルからワールドワイドにした『男と女』の音楽監督である。

濱田先生に伺ってみたいことのひとつである。スイングル・シンガースが創出したスキルフルで格調高い「シャバダバダ」を、『男と女』は手法として使い、どっちかっつうとヘタウマな（っつうか、俳優の歌である）ピエール・バルーとニコール・クロワジール版がクラシックスになってしまったことについて、レイとルグランはどう思っていたのか？　おそらく、どうも思っていなかったと思うが。

筆者の様々な説を荒唐無稽で面白いホラ話と決めてかかってしまう人々は多く、特に以下の説は、数多くの、視野狭窄で勉強も不足している上に、的確なイマジネーションすら持たない批評家のほとんどに微苦笑と共に一蹴されたが、筆者にとってルグランは、フランス映画界の至宝である、ということよりも、ジャン＝リュック・ゴダールの人生を、最初の妻、アンナ・カリーナと共に、決定的に変えた人物である。

ゴダールは『勝手にしやがれ』で時代の寵児となった後、「登場人物が歌わないミュージカル」という、実にゴダールらしい、ひねくれたアイデアの『女は女である』を、婚約したばかりの（撮影終了時までには結婚）新妻、アンナ・カリーナを主演に、まだ世界規模でのフェームもプライズも手にする前の天才、ミシェル・ルグランを音楽監督に起用した上に、初めてのカラー撮影、初めてのセット撮影を敢行し「本作こそが、本当の私の第1作なのです」とまで言わせしめた。

しかし、音楽に愛とその不全を抱えるゴダールは、ブレイク寸前という、一番精力的な時期のルグランから大量に届けられた、宝の山のようなOSTを、全くうまく捌けず（いかな主人公たちが歌わないとはいえ、というか、膨大な音楽数を整理して画面に当ててゆく作業は、「主人公全員が歌う」という台本上の縛りがないと、破綻するに予め決まっている）、ミュージカル映画制作という最大の晴れ舞台で、自分が愛する（ゴダールの音楽への一方的で不幸な愛は、クロード・レヴィ＝ストロースのそれと酷似している）音楽に対する健康的な制御能力を持たない。つまりは、うまく愛せないという絶望的な不全を思い知らされるのである。名誉などより恋の人であるゴダールは、初婚で舞い上がり、自分の天才的なアイデアに自業自得の目に遭う形となった。

と、この話は、筆者の映画の本に嫌というほど書いてあるので、ご興味ある方は一読いただけると幸いである。ゴダールは60年近い長きにわたる監督生活の中で、オリジナルの音楽を書く、音楽監督と仕事をしたのは、デビュー後、わずか6年だけである。ルグランはゴダールを、音楽家と仕事ができない体質にするきっかけとなった。

6年という短さではないが、ゴダールは、カリーナとの離婚後、「主演女優」「そしてそのヌード」という存在に対する迷走を続けたのち、「音楽」との合わせ技による決定的な屈辱を、自作で最大のバジェットを記録（イタリア資本。プロデューサーはカルロ・ポンティ）する『軽蔑』で、受けることになる。主演のブリジッド・バルドーのヌードが足らないと、撮り足しを命ぜられ、あまつさえ、音楽が悪いと言って、イタリア公開版の音楽が勝手に差し替えられた。絵に描いたような〈資本家〉の手によって。

ゴダールはその後、資本主義、商業主義を捨てて社会主義者になるが、ほとんどの批評家は、こんな簡単な話を、何が書いてあるか理解できないぐらいの難解な政治用語を使って説明しようとし、結果、キリキリ舞いを演じている。

話はこんなにもシンプルで、ゴダールは資本主義と商業主義の中枢を、主演女優、女性の裸体、そして音楽に、そっくりそのまま転移させただけである。「主演女優」は、商業主義に回帰後、取り戻されるが、「音楽家」との仕事は、いまだに帰ってこない。ゴダールは音響技師と一緒に、レコードの切り貼り、というDJ的な作業を、自作の映画音楽とし続けている。

そして、ヌーヴェルヴァーグ運動に関わった人々がほとんど鬼籍に入っても、この3人だけは健在だった。3人が揃って仕事をしたのは1964年の『はなればなれに』。クレジットには「ミシェル〈これで最後の〉ルグラン」と書かれながらも、同年にカンヌでパルム・ドールを獲得した、ジャック・ドゥミの『シェルブールの雨傘』の世界的に有名なテーマ曲（いうまでもなく、ルグラン作）を、ストーキングのように、しつこく引用する。この、ミューズに振られた天才の悲哀よ。そして、カリーナもルグランも、何よりゴダール自身が最も、他のふたり、この、悲しくもデリケートなトリコロールについて、ほとんど何も語ってない。その一角が、先日黒く染まった。

1932年生まれの86歳、あとひと月生きていたら87歳だった。パリ生まれでパリ近郊の自宅で亡くなった生粋のパリジャンだが、筆者の定義ではルグランこそがパリのアメリカ人である。エネルギッシュさがフランス人とは思えない。

実験に次ぐ実験をあくなき情熱で続けるゴダール最大の実験は、3DでもAIでもなく、〈音楽：ミシェル・ルグラン〉〈主演：アンナ・カリーナ〉の再起用である。筆者のネタであると同時に、ささやかな希望だったこの戯れも言えなくなってしまった。筆者はSNSをやらないが、カリーナとゴダールがルグランの訃報に対してどう反応したかがわかるのであればやっても良いと思っている。

＊追記＊

と、珍しく追記などしてしまうが、筆者は本稿を編集部に投げてから、仮眠2時間半で、88歳のゴダール最新作『イメージの本』の1号試写会に行った。カンヌで「パルム・ドールを超越した賞」として特別に設けられた「スペシャル・パルム・ドール」を受賞した本作は、トリコロールの破綻が予期されないまま制作～発表され、世界中でルグラン逝去の報を受け、わが国ではGWに公開される。内容については一切書けないが、その画面の異様な美しさと、プレスリリースに含まれていたカンヌでのゴダールの記者会見の回答を見る限り、ゴダールは88になってもなんら変わっていないように見える。しかし、どんな脱構築的な形でもゴダールとルグランの再会はもうない。

「ルグランがECM〈ゴダールはここ数十年、この、ドイツの高名なレーベルの音源を無制限にクリアランスして使用できる権利をレーベル側から与えられている。因みに昨年〜『イメージの本』制作中〜にレーベル設立50周年を迎えた）に作品を残していたら？」「ECMが、ルグランの原盤を買い取る、あるいは、ゴダールが直接、ルグランのレコードを作品で使用しないか？」が、筆者の次の、恐らく何十年は続かない興味になった。

＊書籍化註＊
この年の12月14日に、アンナ・カリーナも逝去。2019年、トリコロールはモノトーンに。

23

「中国共産党に感謝します」

——2019年2月28日公開

〈Blue Note〉という高級ジャズクラブをご存知だと思う。東京店は青山にある。では、世界中にBlue Noteが何店舗あるかご存知だろうか？

まあ、ニューヨークには無いとおかしいでしょ。ここは意外性ない。グリニッチ・ヴィレッジに総本山がある。じゃあ、あとどこだと思う？　ロス？　ブー！　ニューオーリンズ？　ブブー！　マイアミ？　ブー！　シカゴ？　ブッブー!!　あ、わかったわ、カナダだ！　ブブブー!!　なんと合衆国にはあと2店舗しかない。どことどこでしょう？　えー、ほとんどジャズクラブがありそうなところ出たじゃん。あとどこよ？　あ!!　わかった!!　盲点だった〜。ラスヴェガスでしょ！　ブブー!!　残〜念!!　惜しい！　ラスヴェガス店は現在閉店しております。

正解は、まあ、引っ掛け問題みたいだが、ひとつはナパヴァレー（Blue Noteは営業登記上はビストロ／ワインバーだからね。演奏はあくまで、食事とワインを楽しんでいるお客様のBGMが発達したものなのである。基本的には）、そしてもうひとつは最近できたハワイ店である。ワイキキのブルーバード、カラカウア大通りにいきなり出来た（歩いてたらいきなりあったんで「あああ！」っつって指差したら、チック・コリアのエレクトリックバンドが出てた。良い調子だよ・笑)。

さて、では合衆国と我が国以外、世界中にあとどれぐらい、どこにあると思いますか皆の衆。全然わかんないよねー。ドバイと言われても、パリと言われても、モスクウと言われても、ロンドンと言われても、シンガポールと言われても、どこにだってありそうだ。2箇所である……余計わかんないよねー(笑)。

エッセイでクイズを出すというのも、すごい不全感があるので(笑)いきなり正解を言うしかないが、これがリオデジャネイロとミラノなのである。一発で正解した方には、ヒルズさんから青山店の年間パスポートを……スンマセン、そもそもBlue Noteには年間パスポートがない(笑)。あ、そうそう忘れてた。「ジャズ消費大国(居酒屋やラーメン屋に有線でコルトレーンが流れてる国なんてないからね。麻痺しちゃってるけど、驚くべきことなのであります)」である我が国ではどうか?

現在は、東京、横浜、名古屋の3店舗になってしまったが(それだって凄い話だよ。こんな狭い国に3つもさあ。中華人民共和国を凌ぎ、合衆国と並んでいるのである)、一時期は——恐るべきことに——あと大阪と博多にあったから、全部生きてれば世界一だ。単位面積に於ける件数換算したら、合衆国に何百店あればいいのか。

そして、である。想像していた方も多かろうと思う。最近、北京店がオープンし、恐らく年内には上海店がオープンすると言われている。ぽいでしょう? ぽい話でしょう?(鳴り物入りで

10年近く前にオープンした「ソウル店」は、結構早々と潰れたのよ。これもねえ、ぽい話なんですよねー)。シャネルとかユニクロとか、思い出すよねー。

と、これ全部つなげて、世界Blue Note巡礼をやると、〈東京~横浜~名古屋~北京~上海~ミラノ~ハワイ~リオデジャネイロ~ナパ~ニューヨーク~東京で凱旋公演〉と、壮観ですなあ。やってみたいものだ(現在、このコンプリートツアーを成し遂げたジャズミュージシャンは地球上に誰もいない)。過去の、撤退した店舗も全部生きてたとすると更に凄いぞ〈東京~横浜~名古屋~大阪~博多~京城~北京~上海~ミラノ~リオデジャネイロ~ハワイ~ナパ~ラスヴェガス~ニューヨーク〉レディ・ガガのツアーみたいだ。

とまあ、今回何がテーマかと言うと、出来たばかりのBlue Note北京に出演してきたのですね。もう文字数半分以上使っちゃったけど(笑)。

いかな中国と言ったって、市場経済をなし崩しに導入してからは近代国家だろう。しかも首都北京である。なーんて思うと彼の国は思いっきり足払いをかけてくる。「中国旅行」は、ビジネスでも観光でも、未だに、世界中のツーリストに「驚きの連続」を与えてくれる。2日公演で、前日から中国入りしたので、たったの3泊だが、もう、ちょっと大げさに言えば、1秒も驚かなかった瞬間なかったっすよ! 逆に言うと、お約束だから何も驚かなかったけどね(笑)。

それでも例えば、用意されたホテルの部屋が凄かった。リゾートホテルのデラックススイートとコンドミニアムが合体して悪い化学反応起こしたような感じで（笑）、ベッドのすぐ前に、すげえでっかいバスタブ、っつうか、小さめのプールがあるの。ベッドの前ですよ！　実際、学校のプールみたいに、階段に上って、金属パイプの手すりが付いているのである。んで、それを挟むように、フェイク螺鈿や紫檀を使った、王様の部屋の門柱みたいな柱が2本立ってるんだけど、どっちにもバカでかい鏡がはめ込まれてるから、風呂に入ろうとすると、裸が鏡面効果で、ズラーっと無限に並ぶのである。まあその、エロいっす。ラブホだと言われれば、もう、中華風超高級ラブホだ（笑）。

「うわー、こんなん、若い恋人と来たら、どんなになっちゃうのよ（笑）。いかなこのオレ様がバンドのリーダーだとはいえ、これ待遇が良すぎない？（笑）」とか思うわけですね。使いこなせないもん、絶対。

と、ここでオチるのだろうと。違うんだよね（笑）。

なんと、女性メンバーやマネージャー、スタッフも含めた、宿泊者全員が全く同じランク＆間取りの部屋だったのです（笑）。ハンパねえ、なんて今誰も言わない。けど、中国は言わせるよ、僕らに。ハンパねえっす。そして、その、王朝風の応接間にあるルームライトの半分ぐらいは壊れているのである。「変圧器いりませんよ」という触れ込みだったんで、ＰＣを充電しようとしたら、20%だったのが、2〜3分で100%になったから（笑）、爆発するんじゃないかと思って慌ててコード抜きましたよ（笑）。

と、こうした〈ハンパねえ感じ〉は総じて楽しく、僕は、仕事では3回目、プライヴェートでは2回目の中華人民共和国がまたしても大好きになったんだけれども、〈中国旅行あるある〉なんか書いたってどうしようもないから、話は「ライブのMC」の件に移る。

Blue Noteは元米国大使館の建物で、つまり天安門のすぐそばにあるんだが、ここに来るような人は、富裕層だから、英語が通じると聞いていて（それは確かにそうだった）、特に、僕が演奏した初日は、なんとバレンタインデー！　日本ではすっかりハロウィンにヤラれて形骸化した感がある「女子がチョコで男子に告白する、デートの日」だが、ここ中国ではバキンバキンに健在で、まあ、日本の35年前ぐらいかな？「バレンタインデートをBlue Noteで」という、絵に描いたようなヤンエグ（笑）富裕層のカップルでびっしり。東京青山店は300がキャパだが、なんとここは東京店と居抜きのように同じ設計（というか、Blue Noteの内装は統一されている）なのだが、なんと2階があり（笑）、倍付けの600！　しかも、全員がラブラブ（笑）の金持ちカップルなのである。気の利いたジョークや、温かい愛の言葉で彼らの愛の記念日を飾らないでどうする（笑）。

僕は、我ながら非常に上手く滑り出した。カタカナで書けばこんな感じだ。

「ハロー、ベイジン。グッドイヴニング&ハッピー・ヴァレンタインズ・デイ。バット、オールラヴァーズ、アワーミュージック、アー、ナットゥーロマンティック、ソーリー（笑）」

途中も良かったし、相方で来てくれたピアニストの小田朋美さんの紹介も上手くいった。締めの挨拶もそつなくこなし、相当な好感触を感じたオレ、しかし、最後の最後に命を取られるかもしれないぐらいしくじったのである。調子に乗っちゃった！！！（笑）

ひとつは、爆買いに来る中国人のお客様についてだ。日本語に翻訳するとこんな感じ。

「どうもありがとう。謝謝。えーと、僕は東京の新宿に住んでいます。新宿、わかりますか？有名なデパートがいっぱいありますが、中でも〈伊勢丹〉は特別です。お越しになったことある方、います？　僕の自宅とオフィスからは、伊勢丹まで徒歩で2分なんですよ（ここで、全然予想外な大拍手・笑・なんだったんだろうあれ）。だからね、毎日毎日、中国の方と会ってます。なにせ、僕のマンションの上の階は中国人デザイナーの方です。他の隣人よりも誰よりも元気で礼儀正しい方ですよ。それに、伊勢丹に入ると、もう、驚いちゃいますね。ここは日本なのかな？って感じで（笑）。中国からお買い物に来る方は、すごい。とにかくすごいです。エネルギッシュで、タフで、ストロングスマイルで、声が大きくて、おしゃれで、オーラがすごいんです。それに、すごい大金を持ってて（笑）」

このあたりから、雲行きが怪しくなってきた。僕は、皮肉や世辞なんかで言ってるんじゃない。

多くの日本人が嫌っている、爆買いの中国人が、僕は大好きだ。

「彼らはクールです。そう、わかる？　クールだと思う。僕には中国人の友人もいるし、こうした街の人々も大好きです。だから今日は来れて嬉しい。わかりますか？」

客席は、完全にダウンしてしまった。「あんな奴らの話しないでくれよ」「ありえねえよ、あんな下劣な奴ら」とまで言っていた客もいた、と、通訳の子に言われた。えええええ？　そんなにシンプル？　僕世代だと、60〜70年代の「ジャルパック農協旅行」にリベラルな人々は眉をひそめていた。というアレと変わらないのかね？　良いじゃん。爆買いの人々はガチでおしゃれだぞ（笑）。ああ。でも、わかっちゃうから辛いわ（笑）。

僕は、めげずに言い続けた。「彼らを皮肉ってはいない。彼らはクールです。僕は彼らが好きだ。だから今日、北京で演奏できて嬉しい」

しかし、奮闘努力の甲斐もなく、さっきまで「ちょっと難しいけど、なかなか良いサウンドじゃないか。良い気分にさせてくれたよ」とか「うわー、やべえな東京は、全然レヴェル違うよ」と思っていた人々も、「爆買いの奴らの話はやめて」で一致団結してしまったのだ。

やや寂しく滑ってしまった僕は、逆行的にもっと酷い失策を犯した（よくある話・笑）。アンコールで呼ばれて、日本語で書くけど、まず最初に「今日は感謝に絶えません。何よりも、Blue Noteグループ、そして中国共産党に感謝します」

この瞬間の（笑）、外気（マイナス7度）を更に10度ほど凍てつかせた（笑）、真空と超冷凍倉庫感を、僕は一生忘れられないだろう。僕もステージでMCをするキャリアは30年以上ある。その中でも、最も危険で、最も超越的な時間が訪れたのである（笑）。いやー、笑って書いてるけどね。すんげえ怖かったですよ（笑）。VFXであるでしょ。画面に映っている人々の時間が一斉に止まるやつ。あれかと思ったもん（笑）。

慌てて僕は、英語で書くけど、早口で、とぼけた感じで「It's a joke, of course」と付け加え、客席から安堵の笑いを取ったけれども、この歳で、ステージで失言して凍りつくなんて経験をするとは思わなかった。中国はハンパねえよ（笑）。

ステージを降りると、通訳の人が、苦笑。という感じでいるので、日本語で書くけど「中国共産党はまずかったかな？ 最初からジョークですよもちろん（笑）」と言ったら「それは、大丈夫ですね。ジョーク、伝わってますね。でも、音楽のステージに上がって、その名前を口にする人は、非常に、非常に、特殊な方です（笑）」と言われ、「ひゃー！ こっわ！（笑）」と言って帰国したのです。お願いだBlue Note北京、そして夏にはオープンの噂がある上海でも良い。今度は冗談抜きで別のジョークを言うから。日本語で書くけど、「我々は全員、社会主義者です。ただ、日本の社会党は全く支持しておりませんが」。

＊追記＊

「Blue Note名古屋」は2020年8月閉店。理由は言うまでもない。

24 平成は終わらない

——2019年4月1日公開

これがアップされる頃にはもう新元号は発表されているはずだ。僕が推したい新元号は「3―4×10月」か、じゃなかったら「当然」か「突然」が良い。「然」の文字は必ず入れたい。まあそンなことはともかく、今、日本人が一番聴きたくない言葉が今回のタイトルだと思う。どうしてだろう？　これほど右を向いても左を見ても多様化が叫ばれるのは、やはりファシズムの予感があるからだろう。勿論、ファシストもファシズムもさほど良い物とは思わない。しかし良いファシズムだって必ずある筈だ。おっと、ファシズム論ではない。いや、ファシズム論かも。誰もが思っている。平成が終わって良かったと。しかも、とても優しい気持ちで。

僕は、この優しさと寛容を多くの人々に共有させている現体制が、基本的には好きだ。どうせ現代社会という存在は、理論的には瞬間的にしか存在しない。どさくさに紛れてはっきり書くが、拉致問題と基地問題は解決しない。解決できないものを、解決しますと言わないといけないのである。これは、絶対悪ではない。そうやって成り立っていることは多々ある。それどころではない。我々は、そうした側面を持たないと破綻してしまう。あなたに問いたい。絶対にできないことを、できると言い張ったお陰で保てたことが、あなたの人生に一度もなかったと言えるだろうか？　そして、現代社会が完全に混迷を抜け、問題を全て解決する日など絶対に来ないのだから、せめてこのぐらいの小さな花、平成が終わってよかった、という優しい安堵をみんなが持つことは噛み締めたいし、大げさに言葉にしたくない。

　しかし、エッセイストという仕事は過酷だ。今、「〇〇は終わっちゃいねえ！」というシリーズで、「こんな〈終わっちゃいねえ〉は嫌だ」という大喜利があったら、この回答はかなりの正解にして、本当に苦い。終わることに優しくなっているからである。優しい状態を逆なでする以上の悪があるだろうか？　それはファシズム以上の悪ではないか？　そんな想像力を使って原稿料を貰うのである。

　僕は、今になって平成を、クールに突き放して分析している態で、結局悪く云う人々（例えば、ひろゆき）は、自己嫌悪の発露であるとか、平成に悪いことをして上手くいった罪悪感を、瀬戸際で晴らそうとしている卑劣漢だとは決して言わない。それよりはるかに重要なことがある。次の元号になっても、平成はしばらくは続く。平成の最初の5年ぐらいが、実質上の昭和だったように。

　まあ、こんな話も詭弁とか自明とまでは言わないが、強く一般論的に正しかろう。デケイドは今や、麻雀やNFLのように、前半と後半に大体5年ずつに2つに割るのが常識化している。

だ。

僕の査定では、1993年までは明らかに80年代だった。『ウゴウゴルーガ』が軌道に乗った年「70年代初期（前半）」というのは、まだ60年代だったし、「60年代初期（前半）」も以下同様である。

10年で必ず切れるデケイドと違い、元号は最短1日から最長100年ぐらいまで何年続くかわからない。前半か後半かはわからない。だから、元号が変わることは非常に繊細なことではあるが、サプライングではない。しばらくは平成の名残が続くのである。そして、新元号による新時代が、何をきっかけに（90年代の到来を、『ウゴウゴルーガ』が告げたように）起こるかは誰の目にも明らかであろう。人々がスマホへの依存を、ゆっくりと脱ぎ捨てた時だ。

ただ、いつそれが来るか、どんな大天使の、どんな象徴によってもたらせられるのかはわからない。少なくとも、明確なことは、我々は、これからしばらく、元号だけが変わって、あとはまだ変わっていない、糊代のような数年間を過ごす。それだけだ。この原稿を書こうとした瞬間、僕と同い年の北尾光司が死んでいたことが発表された。内田裕也やショーケンの死は70年代や80年代の死である。なので、「平成の最後に、平成を代表する人が滑り込みのように亡くなってゆく」というのは、自走してしまったセリフだなと思っていた。

だが、北尾は違う。北尾の死こそ「平成を代表する人が（以下略）」である。北尾とほぼ同一キャラクターなのが、佐竹雅昭（北尾の2つ下）であることは何方からもご賛同いただけると思う。

怪獣オタクなのに格闘家なのです。相撲や空手といった伝統的な競技界で一瞬にしてトップを獲ったが、それが（競技上、という意味ではなく）過ちであったことを、今度は十数年かけてゆっくりゆっくりと、うんざりさせるように証明した。今、佐竹のTwitterを、ほぼ嫌々読んだ。すると、佐竹は、140文字以下のつぶやきひとつひとつに、タイトルをつけているという、非常に変わったマナーを守っていることがわかった。それどころか、彼の髪型、体型、何より顔相が異様に若々しく、つまり彼が年をとっていないことがわかる。武蔵も時を止めたままでいる。平成は死んでいない。

僕は、例のあの、小渕さんの生涯の一発、「平成」を、布団の中で、厳密には性行為中に見た。既に性行為は、何よりも熱中できる、何よりも優先される黄金ではなかったけれども、へー、今度は平成っていうのか、なんかスッキリしねえな。まあ、なんでもいいや、と裸で思ったのを覚えている。僕は平成を、言うほど悪い時代だったと思っていない。性行為中に、小渕さんが掲げているのを見たから。という事実はかなり大きい。今、寛容さに包まれて逝こうとしている平成は、僕個人にとって、始まりも寛容の塊のようだった。寛容さが見せた未来の予感。

これを書いているのは3月31日の深夜4時47分である。今から性行為に入る。新元号は性行為中に知るに限る。これは行事のように仕組んだものではない。僕は、今日が何月何日か、かなり怪しい人物で、気がついたらそういうことになっていたのである。やがて人々は性行為中であろうとスマホを持つか、持たないまでも枕元に置いて、いつでも手に取れるようにするだろう。いや、性交後にすぐ手に取る、ぐらいだったら、もう、ほぼほぼなっている筈だ。平成は最後の力を振り絞るだろう。そして、頑固な亡霊を数体残して、やがて完全に消えるだろう。大変苦しいことに、平成は終わらない。今すぐには。そしてこのことについて優しく寛容になる必要はない。どころか、我々は一転して、狩猟者の瞳と指先を持たなければならない。

25　菊平成孔の最後の日

――2019年4月30日公開

ノロマもここに極まれり。自分の名前に「平成」の「成」が入っていることに、更には、「平成孔」とすれば、「たいら なるよし」と読め、これが植木等が演じた伝説の〈無責任男〉である「平等（たいら ひとし）」へのオマージュになることに、この3月の終わりぐらいに気がついた私は、一体30年間何をしていたのだ。と地団駄を踏んだ。これは悔しさを表す慣用表現ではあるが、実際に新宿の路上を思いっきり何度も踏んだ（お陰で、足の裏が活性化して、いたく気持ちよかった）。

更にである。「菊平成孔（きくだいら なるよし）」とすれば、名前に「平成」が組み込まれることになる。灯台下暗し、フロイド的忘却、単なるノロマの融合体だった私は、覚醒剤を使わずに覚醒し、4月1日から4月30日の間のみ「菊平成孔」と名乗ることにした。これを書いているのは4月30日の午前9時である。今回のみ、比較的長い歴史を持つこの連載で唯一、筆者名が「菊平成孔」となる。

とまれ、驚くべきことに、ラジオのレギュラー番組を失い、スタジオに入りっぱなしで制作に没頭していると、名前は名乗る必要も、書く必要もほぼほぼ失われた。「菊平成孔」は、自らのブロマガで日記を書く際、何度か「菊平成孔の日記」と表記することだけを名前活動とし、それも今日で終わる。

今は、仮眠を終えたところだ。午前4時に寝た。それまで何をしていたか、堆積疲労によってフラフラになりながら、ラブホテルを探していた。世間は10連休だと言う、海外に行かぬ全ての民に、祭りが訪れていることにも気がつかない、おっとり刀の菊平成孔は、今日が何を意味する何日かも知らず(おとぼけではない、本当に)、「あれ？ なんかいつもより街が混んでるなあ」とか思いながら新宿のラブホテル街に向かった。

新宿のラブホテル街には東海岸と西海岸がある。菊平成孔はNY派である。新宿通りから明治通りを北上して、右手に日清食品があり、左手が風林会館に向かうコーナーになっている、新田裏という角を2メートル進むと、斜め左一通の道が出てくる。これが新宿ラブホテル街東海岸の入り口である。

そのまま貫通すると区役所通りまで出るこの一方通行の道の周りに、ラスヴェガスのようなラブホテル群が軒を並べるが、ラブホテルグルメの人々は2店舗しか狙わない。「センス」と「グランシャリオ」である。

「センス」は改築前は「レイルームス」と言って、浴槽やベッドや空間デザインなど、基本的なスペックのクオリティが、とてもではないがラブホテルに見えない、死語だがデザインホテルかリゾートホテルにしか見えない、という驚異的な超ラブホテルで、特に改築して「センス」になってからは、年間を通じて、どの時間帯もほぼ満室なのだが、常宿（私は、原稿に詰まったり、部屋が汚れすぎて部屋での快眠に支障が出たり、とにかく体がへとへとで、ジャグジーバスに入らないと寝れない時、何か心にブルースが宿ってなかなか寝付けない時、ひとりでラブホテルに宿泊する。男性であれば許される。ひとりで宿泊するラブホテルこそが、人類が滅多に経験できない類の、奇妙で強烈な寂寞感、孤独感を我々に与えてくれることを、ここに明記しておく）にしている菊平成孔は、電話をして、何号室が空いているか、懇意にしているフロントの女性に聞いてみた。深夜の4時である。平均的に、ラブホテル（に限らないが）には客の波が凪に入る時がある。ひとつは終電近く、ひとつは始発近くである。

「本日は午前中から全室満室で、ご宿泊いただいております」これは「休憩の人はいない。今夜は全室のカップル（もしくはひとりの男性）が宿泊しているのだ」という意味である。そういうことだな。記念のセックスだ。一日満室は明日の12時までは続くだろう。隣にある系列店「グランシャリオ」のフロントも同様の結果であった。

菊平成孔は、まあ、微笑ましい、とも、嘆かわしい、とも、どうでも良い、とも言えない微妙な気分で、結局ラブホテル宿泊を諦めた。他の、全く眼中にないホテル群も、同様だろうし、そもそも「センス」と「グランシャリオ」以外は使わない。

その時は出先だった。ので自宅に帰るべく、菊平成孔は路上に出た。タクシーを拾うためである。すると、この時間なのに、迎車と回送ばかりで、空車が全く通らないことに気づいた。

正式には、ここ最近、ずっと気づいていた。ある時から、東京の路上で、流しの空車を拾うことは、いきなり10倍ぐらい難しくなった（大げさではない、今まで2分あれば捕まえられた空車が、同じ場所で20分かかるのが珍しくなくなってしまった）。アンチSNSを標榜し、スマホを持たず、未だに（平成の神器である）ガラケー持ちの菊平成孔でも、理由は一目瞭然である。

スマホが、タクシーを呼びつけるアプリを競って開発したせいである。

菊平成孔は、前回の連載で「平成はすぐには終わらない、数年間は名前だけが令和で、全てが平成の残響である時期が続く。そしてそれが終わる時は、国民とスマホの関係が変わる時である」としたが、現在スマホは、依存物質としての威力を強化している。そもそも運転手たちは、道端で手を挙げている客、を動体視力で目視できなくなり始めている。

あと20時間の命である菊平成孔は、心中で激昂した。SNSによって、退行的に、強く倫理的になった新人類たちは、まず国技大相撲を八百長だとして謝罪させることで、世界に胸を張って誇れる豊かで異形の文化にヒビを入れ、傷物にした。それから狂ったように嫌煙運動を進め、電子タバコという、叱られた子供の言い訳のような玩具を蔓延させ、音楽を考える上で非常に豊かな問題提起になった筈の佐村河内事件を一瞬で切除し、エビデンス主義によって、のびのびと好きなようにものを書く、ひいては発言する能力を自ら退化させ、やよい軒の庶民的美徳であった「おかわり自由」に、どうしても課金しろと迫り、その他数百に及ぶ、許しがたい、幼稚な蛮行の果てに、とうとう、路上で手を挙げ、空車を止めては、颯爽と乗り込む。という、タクシー移動者のダンディズムであり、日常であり、最も鎮静効果のある時間を奪おうとしている。

菊平成孔は、左脳の、ちょうどクモ膜のあたりに、脳動脈瘤がある。まだ破裂リスクは低いが、年々大きくなっている。脳動脈瘤は、小さくなることをしない。キープか肥大化しかないのである。担当医は「異常な興奮で、脳圧を上げることは、命を捨てることになります」と言う。それでも菊平成孔は、異常に興奮し続けてきた。ステージで演奏中に、ホテルのバスルームで以下自粛、路上で、突然ある想いに取り憑かれて、ベッドで読書中に、シネコンで鑑賞中に、異常に興奮し続けてきた。「これらのうち、どれかの最中に自分は倒れて、新しい人生が始まるのだ」と覚悟しながら。

菊平成孔は、死を覚悟して激昂した。何が配車アプリだ。くたばれバカヤロー。自分の死の時期も、親の死に目も、みんなスマホが教え、共有してくれるようになるがいいさ。海外旅行をコスパ最大にまで上げて、バハマのナッソーで、水着のままビーチ沿いの露店で揚げたバナナにシナモンを振って喰うのも、事前に全て検索し、どこでどうなるか、どんなものが出てくるかわかった上で喰えばいいいさ。お前らまとめて死んじまえ。実際にまとめて死ぬ時が来ても、スマホが教えてくれるだろう。だったら安心だ。もう一度いう、お前らまとめて死ね。

よし決めた。俺はスマホを買う。あらゆる配車アプリを搭載して、それを使うために、つまり、スマホのあらゆる機能を簞笥にしまいこんで、タクシーを呼びつける機械。としてのみ3台買ってやる。これが俺の、令和の始まりだ。予定より、遥かに早いが。

菊平成孔はクールダウンに努めた。こんな、道の真ん中で、異常な興奮と共に、早すぎる令和を迎える必要はない。菊平成孔は、自分の音楽のファンに教えてもらったファンクなネタを頭の中に呼び出した。そのファン氏は「菊地さん大変！〈令和〉の中に〈アフロ〉が隠されています！」

〈ア〉と〈フ〉が同じ箇所である（かもしれない。「和」の中に、別個に〈フ〉がある、とも言えるし）、という構造的な欠点を補って余りあるこのネタは、爆笑と救済を菊平成孔に与えた。漢文からではなく、万葉集から採られ、昭和から平成を経て、脚韻を踏んでいる（「和」が揃っている）〈令和〉は、さすがライミングしているだけあって、我が国の歴史の中で唯一、〈アフロ〉の3文字を抱え込んだ元号なのだ。

探しものは何ですか？　見つけにくいものですか？（中略）探すのをやめた時……という奴で、クールダウンした菊平成孔の前に、1台の空車が止まった。乗り込むなり菊平成孔は、思わず、「いやあ、助かった」と言った。ヨーロッパの僻村で、真っ暗な国道沿いで途方にくれた結果ではない。東京の幹線道路沿いで拾ったタクシーにそう言ったのである。

ドライバー氏は「そんなに来ませんでした？」「はい、もう迎車と回送ばっかりで」「ああ、アプリが出来たからね」「やっぱそうでしょ（苦笑）」「でもねお客さん、アプリはね……アタシが言っちゃいけないいんだけど……会社が推奨してるからさ……でも、あれ、いたずらが多くてね」

菊平成孔は、「なんでそのことに気がつかなかったか」と、我が知性を疑った。「ああ、蕎麦屋の出前とかと一緒ですね。いたずらができる」「そう。いたずらもいるし、呼び出しといて、目の前の空車が来たら乗っちゃうでしょ。我々、ヒヤヒヤなんですよ実は。やっぱね、ちゃんとお店で呼んでくださるか、路上で手を挙げて下さるかしないと。お客さんが幽霊みたいでね。アプリじゃ」

菊平成孔は、100万の軍勢を味方に得た気分になった。ラブホは満室。タクシーを拾うことは、東京オリンピックに向けてさらに難しくなるだろう。それでも良い。全ての道はローマに通じる。私は私の道をゆけば良いのだ。菊平成孔は「運転手さん。俺、気分いいわ。気分良くしてくれてありがとうございます。窓開けていいすか？」「はい、勿論」。

窓を開けると、異常に興奮していた体を冷ますように、風が入ってきた。民は会話中でも、気になる言葉があったら、会話を切断して検索に走る実験用のゴリラにまで堕ちてしまった。タクシーに乗り込み、シートに座ってから、まずはスマホを見るという、完全なジャンキーになってしまった。コスパという、突き詰めれば自殺するしかないことが明確な（地球という環境に、人類という生命体の存在が、生命活動を行うこと自体が、狂ったようなコスパの悪さなのである。コスパの悪さは、人類をオリジンに戻し、癒す。そのことを完全に失った時、人類は滅ぶであろう）、単に間違った考えを、社会的な正義であり、誰もが追求するべきだと思い込んでいる。検索は知性も教養も与えてはくれない。不安や潔癖症に一瞬の鎮静を与えるだけだ。このタクシーの窓から流れ込む冷風こそが、心と体に、深い知性を与えてくれるのである。窓からスマホを捨てて、この風を浴びてみろ。

自宅に着いた菊平成孔は、この原稿を書こうとMacBook Airを開き（菊平成孔は、MacBook Airを、ワープロとメーラーとしてのみ使っている）、そのまま寝てしまい、起きたら4時間が経過していた。今からこれを編集部に送信し、風呂に入ってストレッチと筋トレをし、仮眠する。4月30日は渋谷でライブだ。ライブが終われば、もはや日本のウエッサイである渋谷は、リオのカーニヴァル並みに荒れるだろう。民よ荒れるが良い。できることなら、地下で入手した麻薬、あるいは地上で入手した麻薬の薬効でハイになり、最大最強の麻薬である自分のスマホをフリスビーのように思いっきり遠投するがいい。1000人単位で。まだまだお前らは解放されきっていない。菊平成孔は事務所の車に乗って、荒れる渋谷を観察しながら新宿に向かうことにした。若者が投げつけたスマホが車に叩きつけられたら、私は歓喜の悲鳴をあげるであろう。これが菊平成孔の最後の1日である。

26　トランプを支持する（皮肉ではない）

――２０１９年６月４日公開

特に世界政治に興味がある人々に聞きたい。あなたは合衆国大統領の中で、誰が一番お好きであろうか？　え？　好きとか嫌いとか、そんなん無いよ。好きってどういう意味？　いや特に難しい謎かけでは無い。「あなたの好きな大統領は？」と素直に聞いているだけである。政策とか大統領としての功績とかは一切関係ない？　あなたは誰推しであろうか？　まさかＪＦＫ？　ディアゴスティーニばっか買ってないか？

筆者は、少なくとも第二次大戦後だったら、圧倒的にトランプである。先日訪日し、帰国の日には通り魔事件によって、帰国すら報道されなかったが、なんかそういうところも好きだ。

ここから以下、世界中の嫌われ者と言ってもほぼほぼ間違いない彼に対して、リベラルで知的なエッセイストである筆者が、多くのリベラルで知的で、一般的な倫理観や正義感を抱いている、一定以上に意識が高い人々同様、トランプが大嫌いなのに、敢えて諧謔でスキスキと書いて皮肉るのだろう。あるいは、これがネット用語である逆張りというものか？　反対なことを言って、知的少数派を狙う、といった具合に、反射的に想像しているに違いないが全然違う。筆者はドナルド・トランプが好きである。

まず第一に、誕生日が自分と同じである。他にエルネスト・チェ・ゲバラ、大塚寧々、川端康成、アロイス・アルツハイマー、山縣有朋、比嘉愛未、溝端淳平、中川大志等がいるが、特に共通点はないように見える。見えるけれども、ゲバラと大塚寧々と誕生日が同じトランプ。という存在は愛すべきものがある。

第二には、史上最高のSP数を誇るらしいトランプが、いわゆる「囲み取材」の時に、自分の周囲にSPをはべらせず（恐らく、かなりの規模で散逸し、暗殺を阻止しようとしているのだろうが、その結果）、少なくとも絵的には、SPがいない空間にノッシノッシと入ってくるところも好きだ。「無防備に見せる演出」などトランプが考え付くわけがないし、あるいは逆に、そんな事を考えて実行しても一銭のイメージアップにもならない訳なので、天然だと思うのだが、アレは結構ヤバい。

いうまでもなく、「Twitter を公人とは思えない使い方をしている、最初の大統領でもある。筆者は結局、アンチオバマ、アンチクリントン、アンチブッシュなだけとも言えなくもないのだが、巷間、オバマが最初に使用したとされる「Twitter は、もうガッチガッチ公式の奴で、面白くもなんともなかったが、トランプはもはや、面白いとか危なっかしいとかを超えて、「これこそが「Twitter だ」という、SNSの危なっかしさとバカバカしさを、合衆国大統領が身を以てガンガンに示しているところが本当に素晴らしい。

第三として結構な会議を自宅でやってしまう所も良い。トランプタワーにはビヨンセとハリソン・フォードという、合衆国エンタメ界でも屈指の「素晴らしい業績に比して話がつまらない人」が居住している（本当にふたりとも、「アメリカ人？」と思うほどジョークがつまらなく、会話が退屈である）。そこも好きだ。

数少ない、奇特とされるトランプ支持者に、クリント・イーストウッド、スラヴォイ・ジジェク、アジーリア・バンクス、マイク・タイソン、厚切りジェイソンがいる、という素晴らしいラインナップ。あのリベラルで偽悪の徒、愛すべき善良なデイヴ・スペクターが、反タリバンというステップボードから、あの息子ブッシュをガチで支持してしまったという、思い出すのも痛ましい悲劇に比べて、パワフルでカラフルで厚みがある。

メンバーをご存じない読者も多いだろう。ジジェクは完全に頭がおかしい学者で、ヘンテコな映画ガイドの映画を2本も主演で監督しているが、哲学者としては突出している。スロベニアで唯一、ジャック・ラカンから精神分析学を学んでいる。アジーリア・バンクスは黒人女性ラッパーだが、天才的な才能で鳴り物入りのデビューを果たした後、ビジネストラブルばかりが続き、全然ちゃんと活動できていない。タイソンはあのタイソン、ジェイソンは、あのジェイソンであろう。自分も是非ラインに加えてもらいたい。合衆国の名門ジャズレーベル、インパルス！と、合衆国人以外で初めて契約したジャズミュージシャンにして、東京大学等、一流大学の非常勤講師を務め、歌舞伎町に住んで、こないだまでAMラジオの人気パーソナリティーでもあり、先月いっぱいは「菊平成孔」と短期改名していた日本ジャズ史上屈指の奇人である。

第四に、トランプは白人でありながらにして尋常性白斑（マイケル・ジャクソンが白塗りになった時、この病を罹患しているのを隠すため。と言った、肌から色素が抜ける病気。近い将来「マイケル・ジャクソン病」と呼ばれるであろう、と言われている）で、もちろんこれは、あらゆる病、特に顔面に症状が出る皮膚病をして、面白おかしく扱う、といったような、皮肉や諧謔だとしても絶対にやってはいけないことをしようとしているのではない。すごい速さで書いてしまうが、この病の原因は主に自己免疫症によって、色素（メラニン）を作る色素細胞「メラノサイト」へ、自らの免疫が攻撃を仕掛けてしまうことで起こる。そして言うまでもなく、ファーストレディの名前はメラニアである（そしてスロベニア出身、恐らくジジェクはこの点を以ってして支持していると思われる）。なんだろうか。この、入り組んだような、単純すぎるような、力強い事実は。すごく好きだ。

だが結局、筆者がトランプを好きなのは、「絶対に戦争をしない」と確信するからである。政治と軍事経験のない最初の大統領という事実は伊達ではない。アメリカ大統領の顔、というものは、ベトナム以降特に、「戦争顔」がずっと続いている。いかにも戦争しそうな顔のサロンがホワイトハウスである。オバマは流石に規格外だったが、戦争はしたし、最も奴が終戦させなければいけなかった、アフロアメリカンへの差別という、合衆国内最大のオルタナ戦争を悪化させた。

トランプが、正恩（筆者は正恩のファンでもある。今、国際政治はロナルド・レーガン時代と並ぶ、名役者の揃い踏み状況だと言えるだろう）と、ボクシンググローブをつけて殴り合いをする可能性はリアルだ（北朝鮮初のダウナー系クールな現代っ子書記長、クールな正恩が、そんな戯言に乗るわけがないが、場合によっては乗る可能性すらある世界であると筆者は思うし、そうなってほしいと切に嘆願する）。なにせトランプは00年代にWWE（合衆国最大のプロレス団体）の試合に出ているのだから。

しかし、彼らがとうとう核ミサイル発射のボタンを押すとは、到底思えない。プーチンとやらかしてしまう、習近平とやらかしてしまうとも全く思わない。トランプのオーラには、戦争なんかやり方もわからないし、やってもしょうがないし、やることが伝統の作法であるホワイトハウスの色になんか全く染まっていない。トランプはいうまでもなく、成功した実業家の頭と体で動いている。

我々は、紳士的でリベラルなイメージでありながら、きちんと中東や南米に空爆を仕掛けられる、ホワイトハウスメンズに未来をベットするか、暴言乱発で危なっかしいことこの上ないが、ホワイトハウス色に染まっていない（ダメ白人を焚きつけているだけだとか、KKKの元ウィザードが票田を握っているとか言われており、それは事実なのだろうが、それでも）トンマの暴れん坊を支持するか？　つか、「支持するか？」も何も、民主的な投票によって合衆国はトランプを選んだのだから、追い詰められたからとはいえなかなかのもんだ。選んでおきながら「あんなのはおかしい」とか文句を言うのは幼稚もしくは卑怯者もしくは単に馬鹿のやることではないだろうか？てめえらで選んだんだから神輿に乗せて応援しろよ。アメリカのリベラリズムって、駄々っ子のことなの？　こぶ平が正蔵になったり、いっ平が三平になるのとは話が違うぞ。全国民で選んだんでしょう？

本当にトランプが、メキシコからの移民をひとりでも餓死させたり、女性の人工妊娠中絶に関して、悲劇的な事件を起こしてからでも、彼を弾劾するのは遅くない。まだ何もやらかしていない。素人が大暴れしているだけだ。筆者はトランプから、合衆国初の平和の香りを嗅いでいる。何故誰もがこの香りを嗅げないか理解に苦しむ。合衆国は、心を打つ立派な演説や、役にも立たないオモチャのノーベル平和賞や、知的で紳士的でリベラルな顔つき、もしくはアメリカンタフガイ的な男根的リーダーシップの香りにベットしては、戦争を、オーセンティックもオルタナティブも止められないという慢性病の中にいた。トランプは、そして依存症国家である合衆国は今、未曾有のチャンスの中にいる。反復を、依存をやめられるかもしれないのだ。

ヒラリーが当選し、リフトアップで引きつった笑顔で、世界のどこかを空爆するところとか、女性問題に大ナタを振るったりするところを想像すると寒気がする。ミートゥー運動なんてあなた、トランプが守護している世界でこそできることよ。クリントン家は戦争なんか恐れない。いつでもやれるように心身の準備ができている。アメリカはずっとそれだ。まあこのテキストもバカか危険な人物扱いだろう。そんなもんなんでもないね。歴史が絶対に証明する。トランプは、戦争ができない。つまり、平和の徒である。そしてそのことが「アメリカと戦争」という持病の問題を明らかにするのだ。筆者が知る限り、トランプ以外にそのナヴィゲーターはいない。

27 またスマホの悪口を言うが、腸管内視鏡の話とニコイチなのでマンネリを許して頂きたい

――2019年7月8日公開

人間ドックに年イチで行くようになって15年ぐらいが経つ。その中で去年だけ行けなかった（特に面白おかしい理由がある訳ではない。単に、ちょっとだけ多忙で、行きそびれただけである）ので、初めて「2年ぶり」に行った。因みに56歳の誕生日のすぐ後である。筆者が感じていた「ちょっと怖いな。はは……はは」と云う感覚が、読者貴兄にどの程度伝わっているだろうか？　心許ない。

人間ドックといっても、もう思いっきりぶっちゃけると内視鏡検査がされたいだけとも言える。一般的に内視鏡検査はキツい。上（胃）と下（腸）だったら、圧倒的に下がキツいのだが、筆者は、ある意味陵辱されているようにさえ見えないでもない腸管内視鏡検査に対して、かなり愚直にセクシャルに、マゾヒスティックになっている。と、ストレートに断言してしまえるほどのマゾヒストではない。

最近は死語というか、大分人気も落ち着いてきたが、巷間、松本人志が考案したと言われる「ドM」という言葉は、非常に良くできている。フロイドの原理を言い当てて妙なる流行語としては歴代でも上位に入るだろう。専門のクラブに行って、料金を支払って鞭で叩かれたり、プライヴェートでも、ちょっとS気のある恋人に、ドン・キホーテとかでも売っているロープで縛られたり、踏まれたり、といったありきたりな世界は、もう自分の生活とは縁もゆかりもない夢の世界だ。がしかし、内視鏡検査には行きたいのである。

そしてそれは、一筋縄ではいかない。内視鏡検査はキツい。なのでキツい目にあいたい。というだけでは、そこそこなドMと言えるだろう。内視鏡検査を内視鏡検査たらしめているのは、「(医療機器と医師の技術の進化によって)どんどん楽になっている」というベクトル、その属性一点に尽きる。本来なら拷問にも近いものが、日に日に楽になっていますよ。と自己申告し続け、しかもそれは、驚くべき正しさで、その通りなのである。SMクラブが「最近は鞭なんて新素材のゴムで出来てて、どんなに叩かれてもさほど痛くないんですよ~」とか「最近の女王様は、あなたのプライドを傷つけないように、ちゃんとプレイ中に敬語で話します」と言って客を募ってるようなものだ。その売りに乗るのはストレートでストロングなマゾヒストとは言えないだろう。

上なんかもう、凄いですよ。ちょっと前の、飯場の水道に力任せに繋いであった青や黄色のゴムチューブみたいなのを、補助器付きで飲み込まされ、えずきまくりながら、延々と涎と涙をダラダラに垂れ流し……なんていう黄金時代はとうに終わり、そうだなあ、太めのスパゲッティだよね。たまに鼻の穴に麺が入っちゃう時あるでしょう？（ないか・笑）あれと変わらない。

鼻の穴からそのぐらいの太さの奴を、麻酔のゼリーを飲み込んで完全に無感覚になった喉から胃にかけて差し込まれるのだが、「あれ？　なーんか変な感覚」ぐらいなモンで、全く嘔吐反射（えずき）はないし、食道だの幽門、噴門だのの細くなっているところがこじ開けられて激しい痛みが、なんてぇのは平成通り越して昭和の話ですよ。

しかし、伸びは良いが、結局ひと摑みのゴム袋みたいな胃に対して、腸はなんせ第二の脳であって、何メートルもあるソーセージが綺麗に畳み込まれているのであるからして、もう天国と地獄だ。そもそも内視鏡を入れるまで腸管洗浄に3時間かかる。これがキツい。下剤を飲んで、人工的な下痢の状態にし、飲んだ下剤が全く澱まず真っさらの状態で出てくるまで、排泄を続けるのである。毎年よく耐えたなオレ、と思う、将棋世紀の大苦戦、長考の煉獄である。

2リットルの下剤の味は、曰く「レモン味」で、その絶妙な不味さ、それを3時間かけてゆっくりゆっくり飲み、便意が来たらトイレに行く。さあここからスマホの悪口である。もう読まずもがなであろうからして、読まなくても良いぐらいの話だ。

筆者が行っている病院では、それが平均的な数なのかどうか、1日に腸管内視鏡検査を大体6人ぐらい行う。検査自体は説明も含めて20〜30分ほどなので、全員でまあ3時間だ。3時間は前述の通り、一人の腸管洗浄にかかる時間である。したがって、これは当然、集合は一挙、下剤の飲み始めも、1番の人と6番の人に1時間の差はない。

結果、どういう光景がくり広げられるか？　言うまでもないだろう。「40代から70代ぐらいまで、会員制6人までの〈内視鏡サロン〉が形成されるのである。筆者の悪文により、このこと自体に文句でもあるかのように読めてしまうが全く違う。この特殊サロンを、筆者は愛している。人は言う「全員が同じ痛みや苦しみを抱えている時、人は連帯する」と。

その上に、だ。病院は巨大なビジネスビルの中で、ひとつのフロアに個室は3つしかない（因みにうちひとつは、障害者用と嬰児の排泄の世話を兼ねたテクノトイレみたいなアレだが、今回の内容とは関係ない）。冒頭に視線を移動して頂きたい。筆者の内視鏡歴は15年である。強い連帯を誇る6人の侍は、「座し、出したら軽く拭いてすぐ退出する」というマナーを無言で守っていた。民がスマホを手にするまでは。

サロンのルールを想定してみていただきたい。前述のセッティングに便器3つしかないのよ。非常にエレガントかつ、若干デカダンでニヒリスティックな顔つきさえしているけれども、そんなもんダンディズムに決まってるでしょうが、そこは戦場なんだよ戦場。鷹揚にゆっくり出してんじゃねえ馬鹿野郎。てめえ王室の人間か。いや間違った。ゆっくりはしてない。事情により、ゆっくりは出せない（笑）。

さて、スマホに限らず、最大の長所こそが最大の急所であることは珍しくない。スマホがここまで民にインヴァイトしているのは、操作音が無音だからという点はかなり大きい。あれがノートブックPCぐらいカチャったら、とてもスマートとは言えないであろう。

しかし、それによって民は遠慮も配慮も失い、完全に退行してしまう。嬰児には絶叫か無音しかない。大げさだと思うなら、都内のあらゆる「ブックカフェ」に行ってみると良い。半分以上は営業登記名が間違っている。スマホカフェである。そして、もう完全に無防備で、思いっきり没入して静止画見まくってるんで（これは、テレビや動く遊具に没入している嬰児の状態とほぼ同じである）、オレ何回見たかわかんないよオリジナルのエロ写真。隠せよ大人ならさあ、公共の場だぞ。え？ 見てるオレが悪い？ 覗きは犯罪だ？ アホか。こっちは普通に振り返ったり、本を読み終えて遠くを見ていただけだ。ここにいる全員が皆スマホを凝視していると信じて疑わない、黒目も真っ白になっているオマエが、脇ガラガラ空きで、隣席や斜席からの視線圏内という配慮も何もなく、阿片窟の客みたいに延々とページ繰ってるから、見たくもねえブサイクなオマエの女の（以下自粛）見せられてるんだ猥褻罪の被害者はコッチだバーカ。

おっと、負の方向の性的興奮によって、話が大幅にそれた上にバーカなどと書いてしまった。適切な表現だと思うので書き直さないが、とにかく彼らはおそらく、スマホさえ机上に置けば、筆者などより遥かに常識やマナーをわきまえた社会人に違いない。無音によって、マナーという概念を消失させるスマートフォンは、アディクトフォンもしくは中毒電話と改称すべきである。絶対しないが。

じゃないと、「あ、出したな（失礼ながら）。あ、拭き終わったな（失礼ながら）。さあ、出てくれ（失礼ながら）。状況が状況ですしね」と、至極まっとうな思考の流れに沿って、腹をさすりながら立っている、同じ内視鏡検査待ちの侍に、長い無音の待ち時間が訪れるはずがない。無音なので丸わかりなのである。なんかの拍子に気絶してたらごめんよ。「あ、スマホ見てるでしょう。LINEに〈今、内視鏡検査待ち。下剤ファック〉とか書いてない？」。無音。「あのさあ、もうそれ反射よね。シャブ中の人って、トイレに入ったら、矢も盾もたまらずキメ倒すらしいですよ」。無音。「昔はねえ、譲りあったんだよ。謙譲の美徳と言ってね。ちょっと意味が違うが。とにかく日本人の公共マナーというのはねえ」。無音。無音。

2つの個室、共に無音。

故に、ふたつの無音。

筆者がいくらジャズミュージックの演奏家だからといって、常在戦場のワイルドアウトローなどと思わないで頂きたい。筆者は、ごくごく普通に、一度キレたが最後、自分の行動が規制できない、つまり精神的に弱い一般市民に過ぎない。何をしたか？「てめえら出した後までスマホいじってんじゃねえ。さっさと便器ん中に投げ込んで出てこいオラー！」などと叫んだら通報され、連行されてしまう。連行されようと構うものか、下剤さえ飲んでなければ。

まず左手の拳で掃除道具入れのドアをガンガンに叩いた。ガンガンは大袈裟もしくは自動的な擬音ではない。リアルサウンドである。ガン！ ガン！ ガン！ ガン！ ガン！ ガン！（以下同音）と1分間ほど叩き続けたが、ふたつの無音は「ひょっとして、誰もいないのかも？」と思わせるほどだった。2人の中毒患者は音にビビって震え上がっている、などという気配は全くない。アディクションというものは本当に恐ろしい。

筆者は次に、踵で掃除道具入れの脇の、金属板が張ってある場所を蹴った。ガキーン！ という金属音、その望外の音量に、まず自分が驚いたが、拳が出すガンと踵が出すガキーンのコントラストが美しいことに、一瞬嬉しくなってしまったのは畜生の浅ましさとしか言いようがない。筆者の怒りの拳と踵は、次第に1957年のヴィレッジヴァンガードに於ける、ソニー・ロリンズ・トリオの演奏中に繰り出された、エルヴィン・ジョーンズのドラムソロの再現になっていった。このドラムソロが好きで、脳内でたまに諳んじているからである。

最初こそクールに始まるドラムソロだが、4小節を超え、16小節を超え、32小節を超える頃には大爆音になっていった。この段階で、通報され、連行される可能性は、当初の予定を大きく超えていたのだが、もうそういう問題ではない。あまりの惨事であるが故に一瞬で書くが、いかなる検査用のオムツつき検査服とはいえ、当方、とっくに決壊しているのである（涙）。目には目を、アディクションにはアディクションとはいえ、ここまでの惨事が我が身に降りかかろうとは、予想だにしていなかったというのが事実である。

恐るべきことに、手前の個室からひとりが飄々と出てきて、筆者を見て一瞬ビクッとし、これ以上の無表情はない、というほどの無表情を見せて退出した。そしてその無表情には「早くスマホが見たい」というメッセージが雄弁に書かれていたのである。筆者は、スマホの操作音を、昔の携帯電話のカメラのように、消音できないシステムにし、指先が接触するごとに「ごヒョ〜ん」「いや〜ん」「チャッチャチャチャーン（『星条旗よ永遠なれ』の冒頭）」「バキューン！」「ウヒャヒャヒャヒャヒャ!!」「ぷぅうう〜〜ん」「スリーラー！（マイケル・ジャクソンのヒット曲）」「あと3秒で地球は爆発します（田村正和の声で）」「私が食べたのは！　このポテトチップスですっ!!（月亭方正の声で）」などの、ありとあらゆるサンプリング音を（LINEスタンプよろしく）高音質で鳴りまくるように義務付けるか、公共の場には自転車置き場のようにスマホ置き場を設置し、自己責任で施錠して預け、たまには盗まれる可能性を含ませるべきだと思う。スマホの操作音が真空なのは、スマートという意味でもマナーという意味でもない。

28　1994年の「ガキの使い」——2019年7月31日公開

令和になってすぐに何が起こったかといえば、自民党が、まあ、前回を10議席ほど下回ったとはいえ大勝ちしたということが挙げられるだろう。あれだけ嫌われてるプライムミニスターがそのままジリ貧に失脚しないどころか、結構な長きにわたって安泰であるのは何故か？　気が利いているようで、全く利いてないことを言うからである。

「え？　なになに？　もう1回言って、よくわかんない（困惑）」とおっしゃる方々のために、もう一度丁寧に言おう。安倍政権が、嫌われながら、結構な長きにわたって、なんだかんだ安泰な原因は、ひとつしかない。それは、「一見、気の利いたことを言っているようで、実は全然気が利いてないことしか口にしないから」である。おわかりだろうか？

なにそれ意味わかんない。なるほどそうだろう。人を動かしているのはトラウマである。トラウマは最近、アメリカ人によってカジュアライズされてしまい、「過去のキツい思い出」ぐらいの意味にまで俗転しているが、本当の意味は全然違う。主に幼少期に受けた、ひどい心の傷（心的外傷）が、あまりの酷さ故に、1回、忘れられる。覚えていたら生きていけないほど酷い傷だからである。

だが、無理やり忘れているだけで、心の中から消えてしまったわけではない。消えてしまったわけではないどころか、忘れられていることを良いことに、我々の行動を左右するのである。我々は、変な癖とか、自分ではどうしても納得できない行動の反復とか、果ては神経症の症状とかを、理由のわからない不条理だと受け取る。文字通り「なにこれ意味わかんない」である。それが過去に負って、現在は無理やり忘れてしまっている心の傷によるものだと思い出し、口に出した時、奇妙な行動や神経症の症状は霧散してしまう。これがフロイドの基本装備である。

「あたし、幼稚園の時ね、キャベツ食べてたら虫が入ってたの。それでその場でゲロ吐いちゃったんだ。それ以来、それがトラウマでキャベツがダメでさあ」

といったよくあるセリフは、短い文字数の中で2回間違っている。

1）記憶していて思い出せることは、どんな悲惨な思い出でもトラウマではない。

2）それの結果として、因果律で結べる後遺症は、トラウマによるものではない可能性が高い。

さて、我らがベーア（安倍首相のこと）は、一見気が利いてるようで、実は全く気が利いていないどころか、ほとんど意味不明なことばかり口にする。小泉トンズラからのバトンを受け、腹を壊して中退した時のスローガンは「美しい国、日本」。漠然とライトサイド、と云う以外、全く意味がわからない。

復帰して最初が「アベノミクス」、これは日本人の記憶にも新しい「レーガノミクス（レーガン式経済政策）」を、そのまま流用したものだが、単に「ノミクス」と言いたかっただけで、ロナルド・レーガンが合衆国で行った経済政策との政策的な関連性はゼロである。全く気が利いていない。

ベーア語録の初期代表が「3本の矢」であろう。誰でもご存知であるこの故事は、「1本1本は弱く、すぐに手折られてしまう細い矢も、3本合わせれば、簡単に折ることは出来ない」と云う、親から3兄弟の息子に向けた、兄弟の一致団結の大切さを説いたものである。故に「第一の矢」は完全に誤用である、故事に沿うならば、1本ずつ射ったら3本全滅となる。

ネットなどを読むと、訳知り顔のバカが、ベーアの悪口を書きまくって得意顔である。だったらバカよ、君に問いたい。国民の総意は君よりはるかにバカなのであろうか？「いやあ、それは民主がね、余りにも情けないと（プシュ！）」最後の擬音は、ベーアの射った第一の矢でバカが射殺された音である。

そういうことは全く関係ないのである。

「国民に憎まれてるぐらいが、トップとしては丁度いいんだよ」と云った、昭和の名横綱、北の湖を指して相撲ファンが言ったようなセリフもあり得ない。票操作もない、ベーアの恩恵を受けている票田による勝利でもない。

トラウマによるものなのである。

我々は、小泉純一郎時代を忘れている。厳密には、小泉退陣後の自民の自滅から、世紀の大転換という、苦笑もののリセットとともに襲い掛かった震災の記憶とニコイチで忘れようとしている。とも言える。小泉政権下から世紀の大転換、という時空間は、震災がこの国を変えてしまう直前の、奇妙なユートピア幻想みたいなものと甘く結びつき、奇妙に癒着して忘れられようとしている。しつこいようだが、トラウマに於ける忘却は、経年による記憶の風化のことではない。

小泉純一郎は、コピーライトに大変な才能があった。「郵政民営化」「国民は痛みに耐えなければならない」たったこのふたつだけとっても（もっと山ほどある、というか、小泉が口にする言葉は皆そうなのだが、ベーア語録の代表作と数を揃えた）、言葉に鋭さと重み、何より強度と魅力に満ち満ちている。

そして小泉純一郎は、公約は一切果たさず、国政を荒らしに荒らしまくって、しかも失墜することなく、スラスラッと逃げおおせた。今や上の倅も下の倅もそこそこの実力者と目されていると言って良い。

我々は全員、「小泉純一郎とはなんだったのか？」という問いを、自分の中に発せなくなっている。「いやあ、震災とかで、それどころじゃないよ」というのは合理化という（トラウマによって捻じ曲げられた結論を無理に正当化すること）。小泉純一郎の顔を思い出せても、声を思い出せても、我々は、自分が小泉をどう思っていたか？　それが彼の仕打ちによってどう変えられてしまったか？　日本はその結果どうなったか？　こうしたことが「思い出せなく」なってはいないだろうか？

この、奇妙な透明感、曖簾に腕押し的な無重力感こそがトラウマの産物である。我々は忘れたのだ。

ベーアがあれほど批判され、軽蔑され、憎まれながらも、国民が自民党を勝利に導くのは、ベーアが、「小泉のように、見事に気の利いたことをカッコよく言わない」ことによって、逆説的、自動的に「小泉と違って、何かしてくれそうな気がする」という、腹の奥底にあって、思考と分離して、どうにも動かしがたい実感を払拭できないせいである。

このエッセイは、もし安倍政権の安泰を、精神分析的なやり方で崩そうとしている、とするならば、予め失敗である。分析者である筆者が、「あなた（がた）のトラウマはこれこれこうですよ」と、解答を言ってしまった瞬間、被分析者であるあなた方は、やっと触手みたいな先端に触れた貝の如く、ギュッと再び殻に閉じこもってしまい、中から「全然違いますよ〜。小泉なんか関係ないですよ〜」と、くぐもった音で抵抗するだけの、固く閉じ直した貝になってしまう。

分析行為は、トラウマ探偵行為である。誤解されやすいが、犯人を発見するのは分析医ではなく、クライアント（一般的に言うと、患者）側である。とっくに犯人がわかっている分析医が、まだわかっていないクライアントに、自ら気づかせる為に、遠回しに遠回しに遠隔操作を行って、クライアントが自ら発見した状態に持ってゆく行程なのである。犯罪モノのＴＶドラマで例えるなら、父親（母親でも息子でもなんでも良い）が息子と

親「あれー、どうしてこんなになっちゃうんだろうな」

子「……」

親「おかしいなあ、もしこいつが犯人だったら、理屈に合わないよな」

子「でも◯◯◯じゃないかな……」

親「……」

子「違うか、じゃあ、じゃあ、◯◯が◯◯で……」

親「うーん……それってさあ……さっきさあ」

子「あ！　わかった!!　犯人は菊地だ!!」

といった過程を経ることである。父親が最初から子供に、欠伸しながら「ああ、犯人は菊地だよ」と断言し、きちんと説明ができればできるほど、子供は抵抗し、自ら犯人を発見することから遠のく。

筆者はだから、今回（分析治療という意味では）失敗することをわかった上で書いた。この連載は毎度毎度キ◯ガイ扱いされているが、今回も変わらないだろう。しかし、国民一人ひとりの家

に行って「なんかベーアって変なことばっか言ってると思わない？」あたりからゆっくり始めて「あ！　小泉！」と誘導することを約1億回繰り返す苦労は考えるだにハンパではない。

タイトルは、安倍政権のゆるい安泰と時を同じくして令和になった瞬間に起こった、我が国のショービズ界、二大帝国の激震に関するものである。筆者には離婚した前妻がいて、現在は友人である（「ねえ？　男と女に友情ってあると思う？」という、誰が口にしても忌々しいだけのセリフに対しては「離婚して20年経って、友達付き合いできる相手がいたら、辛うじてその人がそうじゃないの？」と回答するようにしている）。彼女と筆者が結婚し、楽しく暮らしていた頃、ふたりは、ダウンタウンの『ガキの使い』をVHSに録画して、毎晩楽しく観ていた。それが、のちに離婚してしまう夫婦の、当時の絆のひとつだったのである。

長らく音信不通だった親友の女性こと前妻は、突然筆者のパソコンに「25年前のガキ」というタイトルで、VHSテープ3本分の『ダウンタウンのガキの使いやあらへんで！』をデータにして送ってきた。

吉本のお家騒動は、少なくとも、マスコミが騒いでいるよりも遥かに複雑である。島田紳助の失脚、カリスマ林社長の死後の処理のあり方、徒弟制という上下関係を前近代のものとして外したNSCの誕生とともにダウンタウンが生まれたことまで考慮に入れても、「吉本興業、悲願の映画業界への進出」を巡る、天才松本人志唯一の大失策（吉本への、ツケとカリ）を考慮に入れないコメントは、全て画竜点睛を欠く。そんな事はどうでも良いのだけれども、果たして開いたデータに映っていたものは、裸にグンゼの白パンツを穿いて猫を抱き、ダウンタウンとスタッフ一同に招集をかける、不機嫌で権力志向の（もちろん、これは松本人志が演じさせたキャラクターだが、天才は一瞬にして対象の深部を読み取る、とも言えなくもない）、東京支部（当時）の下っ端マネージャー、岡本の姿であった。

まだ全部観ていないが、岡本は「それって日テレ」というコマーシャルの出演権を賭けて、別のマネージャーとグンゼの脱がしあいを行い、顔面をベチベチに張られ、肛門も男根も丸出しで、気の毒になるほど惨めに敗退していた。のちに「ドS」「ドM」という、単なる流行語を超えた、エッセンシャルなコピーを生み出した、フェティシズムの徒であるダウンタウンの2人をはじめ、そこにいる全員が腹を抱えて見ていた。それは、嘲笑でもあり、賞賛笑でもあり、親しみでもあり、ざまあ、といった憎悪でもあり、ひでえなあ、なんだこれ、という生理的嫌悪感であり、何より性的快感であり、それら全てが「痛快」という感覚に収斂されていた。スーパーライト虐めと言って良い。

筆者は、関東の人間がさも面白そうに使う疑似関西弁が大嫌いである。神奈川だの秋田だのの出身者が、ニタニタ笑いながら、あるいは敢えてむすっとしながら「何やねん」とか言うたびに虫唾が走る。それはおそらく、大阪弁ネイティヴの人々よりも強い嫌悪感であろう。筆者は、本州の最東端である千葉県銚子市、つまり極東の出身者である。「アホか」すら日常的には口にしない。

しかし、この時ばかりは、比較的長いセンテンスが我が口から自然に出てきて、我がことながら驚いてしまった。それは

「なんや社長いうたかて、自分、岡本やろがい」

我ながら見事なイントネーションは、大阪弁ネイティヴの人々をして、全くフェイクと気づかせないだろうクオリティにあった。2019年の吉本お家騒動と、1994年の『ガキの使いやあらへんで！』の対置は、筆者の内部から、筆者も知らない能力、内部で押さえつけられていたスキルを一瞬にして引き出してしまったのである。1994年は細川内閣、その後、羽田内閣、村山内閣、橋本内閣、小渕内閣、森内閣といった、絵に描いたような能無しで平均的で短期政権な首相の時代というジャンピングボードを踏んで、7年後に小泉内閣が空中に誕生する。当時絶頂期を迎えていた「ガキ」に於ける岡本がその時、番組的、社内的にどの地位にいたのか、筆者は知らないし、特に知りたくない。

29 「マッコを狙った知性」を認めたくない人々へ
——2019年9月2日公開

当連載の、在日米人の評判はもう地獄の底の中でも最悪と目されているゲトー、ぐらいに酷く、とにかく、こないだまで大変フレンドリーに、笑顔で接してくれていたジャズファンの大学関係者など、筆者の万倍も知性的である人々から「（笑顔）菊地サン、アナタ、大変なユーモリスト。でも、トランプ支持だけは……（悪魔のような顔と声になって）ダメね」と、冷たいとか痛いとかではなく、それはもう、燃えるような、炎のような、炎の転校生のような劫火、というしかない炎っぷりでメラメラと睨みつけられるので、ああ、こいつらはこの炎でもってベトナムも焼いちゃったし、イラクも焼いちゃったし、オレの地元の千葉県銚子市も黒焦げに焼いちゃったんだな（筆者は父方の兄弟ふたりと母方の兄弟ひとりを、太平洋戦争の銚子空襲で焼夷弾によって焼き殺されている）、クリスチャニズムというより、ゾロアスター教？（善悪二元論と炎の神聖視と鳥葬が特徴。『スター・ウォーズ』シリーズを律している概念と見立てる洒落者も）等と、とにかく仲の良かったリベラルな合衆国人が、次々と筆者を焼き殺そうとするので、しつこいようだが、え？　トランプって、共産主義者ではなく、民主主義者である諸君らが選挙で選んだんじゃないの？　オレは彼を支持するし、非戦だと思うけどな。君たちと同じ考えだよー。あ、非戦だから嫌いなのかな？　等と言ったりなんかしたらもうアナタ（笑）、腫れ物を指圧の要領で、思いっきり親指の腹で押し潰したみたいなことになって、様々な色の美しい虹彩が火炎放射器みたいになるので、タイトルの脇に、「アメリカ人読むな」「アメリカ人火気厳禁（小銃からナパーム弾まで）」「私はあなたたちと同じトランプ支持者です!!」という（笑）、一文を添えて（やめとけよもう、という自分からの忠告が全く聞けないほど面白くなってしまっているオレ・笑）、毎月毎月トランプを讃えようとする衝動と戦わなければならない。敵は自分の中にあり。常在戦場。

とさて、そういう訳で、次回から全文の英訳も載せ、アメリカ人も読むと思うのだけれども（笑）、いきなりだけれども「N国」を「N国」と略称していることそれ自体が、ストリートやテレビジョンではなく、SNSからスラングが生まれることが完全に決定した令和のセンスであろう。勿論、ISが「イスラム国」と自称し、マスメディアに「国じゃねえだろ」とばかりに「IS」に略称されてしまった心理的な動きの逆行型とも言える。彼＝N国らが何か恐ろしいことをしでかすのではないか、イスラム国のように。或いはナチスドイツ（＝第三帝「国」）のようにという予期不安は、まあ漠然とした民意として、特に歪とも正しいとも思わないが、何が言いたいかというと、

〈NHKから国民を守る党〉

という正式名称を略称化する時、令和では（順当に）「N国」になったが、平成だったら「守る党」だったろうし、更に、昭和だったら「民守党」と略されていたに違いない。と云うことである。ヤバいでしょ「民守党」（笑）。選挙速報なんかでは「民守」と呼ばれるのである（笑）。時代を感じて頂きたい。「民守」から「N国」へ。言語センスの集団的な導引力はインターネットしかないでしょ（笑）。

筆者は、政治的なアティテュードとして、選挙には投票しない。生まれてから一度もしたことがないから、そもそも投票箱がどこに、どんな風においてあるかも知らないし、目の前まで手を引かれて連れてゆかれても、つっかえずに投票できる自信さえない（関係ないが、経済的なアティテュードにより、「ポイント」という概念を使用しない。あらゆる1ポイントも筆者は持たない。人々がカードまみれになる恐怖は、偉大なるPLASTICSの『CARDS』という曲を聴いてから身に染みているのだ。それは1980年のこと）。突き指とかして仕事に差し支えるに決まっているので、尚更しない。

まあ、それは兎も角、N国の代表者である立花氏が、マツコ・デラックス氏をポイントした。インタビューで「東国原氏や、爆笑問題の太田氏だってあなたの糾弾者なのに、何故マツコ氏だけ？」という質問に「そりゃあ、影響力が違うでしょ（大意）」と述べていたが、これは虚偽とは言わないが（一面の真実でもあるし）、相当上っ面で答えている。

人は、無意識の深みから事を判断している。が、その深みにまで沈んで根拠とするのは大変に難儀であり、ほとんどの人はそうしない。もっと表層近くに根拠を設定するのである。「動物的な勘」を判断力の主軸に自認する人も、「知性と熟考」を判断力の主軸に自認する人も、その点では同じである。

筆者の考えでは、立花氏がデラックス氏をポイントした、その根拠は、影響力、話題性の大きさ、と云う上っ面を一枚剝がせば、かなり知的な判断力が働いているとしか言いようがない。人によっては、「嗅覚」とするかもしれないが、筆者は巷間称される「嗅覚」も「感性」も、ざっくりと「知性」とひと括りにするので、読者に齟齬を感じさせるかもしれないが、そのまま進む。

デラックス氏のキャラクター表層は「デカくて強面のオカマの毒舌家」であり、第2層は「非常に知的でありながら優しく、温かい性格を照れで隠している」であろう。

この第2層は、バルネラビリティと紙一重に位置する。デラックス氏が「隠し」ているものには、確かに、優しく温かいヒューマニストの側面もある。筆者は『5時に夢中！』に出演した際、カメラが止まった瞬間に、デラックス氏に「何よアンタ〜。新宿にいるって、どこで遊んでんのよ〜。教えなさいよ〜」とあの調子で言われながら、軽く手の甲で太腿の辺りを叩かれたことがある。軽く叩かれただけでも、筆者は横転するかと思った。その際に、あらゆる情報（言語のサウンド、香水の香り、打撃から計測できる体重や筋力、場の空気、等々）が総合的に筆者に伝えたものは「彼はとても優しい」ということである。日常的に優しさに飢えている筆者は、それだけで落涙しそうになり、CM明けで涙を見せぬように、必死で目頭を押さえた（実話）。

そして、そこには、微弱ではあるが確実なバルネラビリティも含まれていた。虐められやすさ、攻撃誘発性を遮蔽するために、氏は肉体も知性も構築した、と云う側面があると思われる。演繹的に〈巷間言われる「知性」の多くは「虐められないために」発達した知力である〉としても良い。数の理論で言えば、社会というのは、虐める側よりも虐められる側のが圧倒多数である。食物連鎖が見せる層と同じで、小動物は悪臭を放ったり、棘を持ったりする。デラックス氏の最大の特性は、大型の生物なのに棘で武装した。という点であろう。ここに動物とは行動原理を異にする、まさに人間性（ヒューマニズム）がある。

立花氏がデラックス氏をポイントし、ロックオンしたのは、虐める側の知性である。ライオンはリカオンを、知的に獲物にしているのではない（勿論、ライオンがリカオンを食い殺すのは虐めではないが）。人類は、虐める側に回った時、知性を発揮する。虐めて潰せる相手を選定する知性である。

こうした知性を「悪質な知性」として石もて打つことは無意味だ。あなたは棋士やボクサーが、自分の勝ちパターンに持ってゆくタクティクスを行使し、対戦者から、敗北したいというマイナス方向の欲望を引き出して、見事に勝利する姿を、悪質と呼べるだろうか？　悪質なのは知性そのものなのか、そうではない別のリージョンなのかは、この連載で考えることでもないだろうからしない。

高校時代に友人がひとりもいなかったと自称する太田氏も、たけし軍団時代、同門の下の者に暴力を振るった経歴がある東国原氏も、そこそこのバルネラビリティはあるかもしれない。しかし、立花氏の「虐める側の知性」は、デラックス氏をポイントした。「こいつなら虐め潰せる」と思ったはずだ。

しかもである。恐るべきことに、と言いたいところなのだが、これは構造なので、全く恐るべきことではないのだが、立花氏のターゲット・ポイント力、つまり、ある種の知性が高ければ高いほど、デラックス氏と一瞬にして関係性が繋がってしまう。言い方を変えれば、知性同士がグルーヴするのだ。

牧歌的な民は「ああ、マツコ、やばい地雷踏んじゃったね」とかなんとか、道端の犬糞でもあるかの如くコメントして、「お気の毒に」「頑張ってね」といったテレパシーを放つ。しかし、この市民レベルの温かい同情は、回転し出したグルーヴの強度には残念ながら吹き飛ばされてしまう。

もう筆者は、日本人にすら炎で焼かれるかもしれない。「なんてことを言うんだ。マツコさんみたいな知的で上品で優しい人と、あんな知性のかけらもないキ◯ガイを同一視するなんて」。焼かれても構うものか。昔日は〈火事と喧嘩は江戸の華〉と言ったものだが、ネットの中では火事と喧嘩は同一化してしまった。そこそこのコスパの良さだと思うが、今更炎上商法もないだろう。もう一度言う。立花氏にも、デラックス氏にも知性があり、あまつさえ悟性もあるのである。悟性こそが、単なる知的並列をグルーヴさせる回転対原動力なのは言うまでもない。

悟性をデラックス氏側から見ると、というか、正しくはグルーヴなのだから、どちらから見ても鏡面的に結果は同じなのだが、両者がグルーヴしたのは「虐める×虐められる」という関係性だけではない。というか、グルーヴという大現象に包括される原理が両者には働いている。それは何か？

〈両者の相貌が似ている〉という点である。相貌こそが第一情報であって、余程の力を使わない限り遮断できない。喜ばしかろうが、おぞましかろうが、心の声が「あ、似てる」と内心が確信した瞬間から、グルーヴは既に、フィンガースナップでカウントを取り始めている。

極論を出せばわかるだろう。立花氏は、太田氏のコスプレと、東国原氏のコスプレと、デラックス氏のコスプレだったら、どれが一番確実に似せられるだろうか？

「仇敵は似る」という原理は、単一の賢者による路傍の石ではない。もちろん「似る」のは相貌だけではない、声かもしれないし、思想かもしれない。しかし、相貌かもしれないのだ。例えばジャック・ラカンは、昆虫の擬態（植物や石などに体を似せること）が、捕食から逃れるためだという定説に疑問を抱き、狩猟者と協力して、複数の鳥類の腹を割き、未消化の昆虫を分類した結果、擬態しない昆虫と、擬態する昆虫の数が同じだったことを発見し、「昆虫が擬態するのは、捕食逃れではなく、対象である木や石に〈強く憧れるから〉だ」と結論し、〈心的に強い関係があると、相貌が似る〉という現象の根拠のひとつとした。

また、整体師の片山洋次郎は、オウム真理教事件の最中に「オウムの信者と、オウムを打倒せんとする弁護士軍団は、相貌だけ見ると、見分けがつかないほど似ている」とした。これは卓見である。メルヴィルの『白鯨』のテーマは、恩讐と狂気でどこまで追い詰めても、白鯨はエイハブに、一点すら似てくれない。この、極限値の片思い、その絶望である。

「お前の塾の帰りに待ち伏せてるからな」という知性と欲望に対し、『5時に夢中！』側は、紗幕や遮蔽物をスタジオのウインドウに並べる。という知性を使った。デラックス氏の目は、充血で真っ赤だった。デラックス氏は、「誰に嫌われたって構うもんか、自分に未来や幸福はない。言いたいことを言うだけ」というキャラでのし上がり、そこから降りて、知的で優しい人。という第2段階が自他共に安定した、その瞬間に、まだ過去のキャラの名残で動かなければいけない『5時に夢中！』で、一瞬、油断した隙をつかれ、鋭い知性にやられたのである。

筆者個人は、遺憾に思う、と前提しながら、ボクサーや棋士のタクティクスと立花氏のそれは同様のものだと断ずるしかない。相手を打ち負かそうとするだけでは勝利は得られない。勝利は、相手の敗北したいという欲望を嗅ぎ取り、引き出すことによってこそ確実になるのである。まさかとは思うが、誤解者を出さないために一応、デラックス氏が敗北したのは、その言い分でも社会的な行動でもない、ただ一点、心理的な側面だけだ。

あらゆる事態と同じく、この事態も自然に収束した。しかし、人類の責務のひとつは、事態から目をそらさず、原理や構造を読み取り、教訓とすることである。「マツコを狙った知性」の存在を認めず、「マツコの知性は、防御的である」ことも、「民は防御的な知性ばかりを知性と考えたがる」ことも、「仇敵は似る（どこかが必ず）」と云う原理も認めない限り、民守党の跳梁は止められない。

敗北感の蔓延についても、目をそらしてはならない。我々はＳＮＳの依存症に罹患することによって、慢性的な敗北感に包まれている。ネットというのは、構造的に「勝利感（「敗北感」に対置させるために、今とっさに作った単語だが）」は得られないように出来ている。あなたはネットをしていて「やったあああ、勝ったああああ」という、震えるほどの感覚に酔いしれ、ＫＯを勝ち取ったボクサーのように、握った拳を震わせたことがあるだろうか？

どんな気の利いた事を言っても、どんなに同じ趣味の人間と盛り上がろうとも、インスタグラムのフォロワーが１００億人になろうと、むしろ、勝利感や幸福感が疲労や敗北感を最終結論とするようになっているＳＮＳは、20世紀的な戦争の実行が不可能となった現在、国民規模の敗北感という、敗戦によって一撃で手に入るものを、不景気などのファクターと結合して数万倍化し、蔓延させている。筆者は、躁病患者もしくは、生まれた時からＳＮＳがある10歳未満の児童にしかＳＮＳの耐性は無いと考える。オルタナティヴな敗戦を国家的に共有しているわが国で、彼らが選挙権を持つまでに、世はカリスマ待望を準備し続けるしかない。どんなカリスマもデビュー時には気持ち悪く、「なんでこんな奴に信奉者がいるのだ?」と必ず思わせる。もしあなたが、Ｎ国をナチスやイスラム国にダブルイメージし、もしそれがあなたに揺るぎない恐怖を与えるのだとしたら、とするが、あなたは親指の動きを止め、つまり、一先ず黙って、6時間で良いから、ナチス・ドイツの勉強をするべきである。

30　てもみんでの妄想、トリキでの不安　――２０１９年10月２日公開

彼もしくは彼女は、消費税10％時代に備えるべく、何らかの会社もしくは自宅で良く働き、他のあらゆる彼もしくは彼女と同じく、暮らしの中に、実に様々な問題を抱えている。

その中でも、比較的軽い、というより、既にそれは寧ろ彼もしくは彼女の愉しみでもあるのだが、〈肩凝りと腰痛〉というものがある。「既にそれは寧ろ愉しみ」でもある所以は言うまでもない。近所にある、てもみんにさえ行けばその問題は、少なくとも数日間は完全に解決され、その爽快感たるや、問題多いが故、表情も平均的に暗めである彼もしくは彼女をして、帰り道に軽くハミングやスキップが出ることもしばしば。

その時の疲れ具合、金銭的、時間的余裕、てもみんの予約状況等々によって、施術時間は35分から95分まで（てもみんは、何故か05分切りの予約形式である）。95分の日などは、さながらホテルブッフェにでも行ったかの如き気分である。

今日は、75分だった。95分の日の、舞い上がるような贅沢感までには至らぬとて、自分へのご褒美としては充分以上、極楽未満である。思いつきで言ってみたが、「極楽未満の75分」という

のは、とても良い表現だ。と、彼もしくは彼女は、SNSでいつの間にか鍛えられていた自分の表現力に満足する。思わず笑みがこぼれる。

カウンターに着くと、出川哲朗の「迷言カレンダー」が置いてある。番組ロケのニューヨークで発せられた彼の迷言集は抱腹絶倒で、思わず全ページめくりたくなるが、てもみんのカスタマーはそんな下品な真似はしない。予約の確認とメンバーズカードの提示、ウエアのレンタルをするかどうか、支払いはカードか現金か、領収書は要（チラ）。

〈「時代はエクスタシーだね」（IBMの本社で、「テクノロジー」と言おうとして）〉

彼もしくは彼女は、領収書を受け取りながら、思わず横を向いて、迷言カレンダーをチラ見してしまい、吹き出しそうになる。従業員もそれに気がつき、温かい笑みで返す。

黄色い半袖T、茶色のハーフパンツを着用し、ベッドにうつ伏せる。天国まではあと1分である。

「よろしくお願いします」「はい、伺います」

「今日は、どちらが？」

「えーと、腕、と、肩と……あと、腰ですね。腰と……あ！　……あと太腿もちょっと……なんか全部っぽいですね（笑）」

「いえいえ（笑）、では只今より75分。腕、肩、腰、太腿を中心にやらせて頂きます。よろしくお願いします」

「よろしくお願いします（嬉）」

「あー、腰かなりキテますねえ、ガッチガチです（笑）。強さ大丈夫ですか？」

「はい、とても気持ち良いです（笑）」

「こういう時は、寧ろお尻をほぐさないと腰が緩んでくれないんですよ（微笑）……お尻からやっちゃいますね」

「前もそれ言われました……なんか、そういうの難しいですよね」

「はい」

「だって、お尻が凝った。なんて実感、なかなかないじゃないですか（笑）」

「ですよね（微笑&施術）」

「前は、首が凝ってると思ったら、いや、あなたの首は凝ってない。凝ってるのは目で、だから頭をほぐさないといけないって言われて、こめかみから頭をがっつり揉まれたんですよ」

「はい（微笑&施術&額に汗）」

「そうしたら、確かにスッキリしたんですね。首が」

「ですよね（微笑&施術）」

「……」

「こう、繋がってますからね。足裏のリフレクソロジーほどじゃないですけどね。へへへ（施術&額に汗）」

「……」

「（黙々と施術）」

「……だったらさあ、最初から、こっちに言わせないで、黙ってそっちが判断すべきじゃない？」

「え？」

「だから、こっちは、どこが凝ってると感じたら、どこをほぐすとか、全然わかんないんですよ素人だから」

「はあ……」

「だからさあ、そっちは触ればわかる訳ですよね。プロなんだから」

「ええ……はい……」

「それで、どうすべきかもわかる訳でしょ？」

「ああ……はあ……」

「だったら、わざわざ最初に、〈今日はどちらが〉なんて言うの、おかしくない？」

「え？」

「〈頭が凝ってます〉なんていう人いないでしょ。〈頭が凝る〉って感覚って、あるの？　絶対ないと思うんだけど」

「え……と……」

「だからあ……あー腹立つなー……なんでわかんないの？　って感じ」

「あの、すいません（笑）、なんの……お話でしょうか？」

「（激昂して）とぼけてんじゃねえよっっっーーーー！！！！！　居たのかよ今までひとりでもよーーーー！！！！　私、お尻が凝ってるんですとか、頭が凝ってるんですとかいう客がよおおおおおおおおおおおおおおおっっっっーーーー！！！！！」

「いやあの、いなくは……あの……ないですよ、決して」

「そういう話じゃねえんだよおおおおーーーー！！！　文脈読めよ脊椎反射野郎ーーーー！！何が〈今日はどこが？〉だよ！！！　あったまくんなあ！！！　だあからあ！！　内科に於ける、最初の問診があ、あなたたちにとっての、最初に全身を触ることでしょ？　もうそれでわかる訳でしょ？」

「……いや……ですけど、内科医さんだって、最初に聞かないですか？〈今日はどうなさいました？〉って……」

「（さらに激昂して）ぶあからああああああああっっっ！！！！　オマエはバカかあああああー

ーーー！！！　そんで内科医に〈私、胃ガンじゃないかと思うんですけど〉って患者が言ったって、単なる食いすぎでゲップが出てるだけかもしれないだろ風邪だって胃ガンと思うやついるよぜってえそんなの医者から見たら一目瞭然だろ私胃ガンかもしれないですそうですかじゃあ早速胃カメラ飲みましょうっていう医者があああああーーーーー！！！！！！！」

「……すみませんお客様、声が……他のお客様のご迷惑になりますんで」

「はあああ？　はあああああ？　はああああああああああああああああああああああああああああああ？？？　迷惑だあって？　迷惑だあってえええええええええええええええーーーー！！　迷惑はコッチだ馬ー鹿ー野ー郎！！！　（声がさらに大きくなり、裏返って）迷惑はコッチだって言っ（超音波）アキャキャキャキャキャキャキャキャキャーーーーーーー！！！」

「アキャキャって……」

「（ものすごい速さで）だからさ、アンタ落ち着いて話しなよ。こっちはこう言ってんの。最初にね。そっちは触ればわかる訳だし。こっちは自分が凝ってるところが凝ってるって思い込んでっから。わかる？　思い込んでっから。わかんないわけよ。間違ってるかどうか。本当にそうかどうか。それを見つけるのがそっちの仕事でしょ。それをさあ、ベッドで横になってる客に、触りもしないで〈今日はどこが？〉ってバカにしてんだよ！！！　なめてんじゃゃアキャキャキャキャキャキャキャキャキャキャキャーーーーーー！！！」

「いやあのお客様。第一に、我々は病院、医療機関ではありません。ですので、言葉尻だけで比較されても困りますし、快癒のサーヴィス業として、第一にはお客様ご本人様が、どこが凝っているか、どこをマッサージして欲しいのかを、まずは伺ってから、ですね」

「アキャキャキャキャキャキャキャキャキャキャーーーーー!!!!　客をアキャキャキャキャキャキャキャキャキャキャキャーーーー!!!!　なめんな!!!　なめたって認めろよ!!認めろ!!　認めろ!!!　認アキャキャキャキャキャキャキャキャキャキャーーーー!!!!　アキャキャキャキャキャキャキャ!!　アキャキャキャキャキャキャキャキャ!!　アキャキャキャアアアアアアアーーーーー!!!!　アアアアアアアアアアアアーーーーー!!!!!」

彼もしくは彼女は、勿論、発狂したわけではないし、この後、施術させて代金を払わない、とかいった悪質な恐喝行為をプランニングしていたわけではない。こういう状態を「情動奔流」と言って、まあ、昭和のミドルスクーラーだったらヒステリーと呼んだだろう。ヒステリー発作に内包関係を持つとするかどうか微妙だが、寧ろこれはコプロラリア（汚言症）に近い。人格分裂のような、重い症状でもない。

彼もしくは彼女が、最初からでもみんなに（不当な）クレームを抱えていて、ずっとそれを抑え込んでおり、それがだんだんと表面に出てきた。ということではない、という事実にポイントして頂きたい。まさしく、情動が奔流してしまっているのだ。なんか、秘書をハゲとか叫んだ絶叫音声を公開された女性議員がいましたよね。あれですよ、あれ。そうそう。誤解なきよう。これは筆者の空想であり、リアルレポートではない。何故こんな空想をしたかは後述する。

情動奔流（これはその、1パターンに過ぎないが）は、悪質で現代的な新型のメンタル・ディスオーダーではない。こんなものは昔からあった。狐憑きより前からあった。とまれ、古代にまで遡るのは、当コラムにとってはいたずらに難儀なだけであろう。昭和で良い。昭和まで、人々は、アルコールによって情動を大いに奔流させていた。

情動奔流は退行の産物である。アルコールは退行状態にさせる力がどのドラッグよりも高い。セックスや恋愛も退行を起こす力は高いが、アルコールには遠く及ばない。当連載で何度も言及したが、筆者は飲み屋の倅である。しかも、両親はバックヤードにおり、小学生である筆者がフロアを取り仕切っていた。それはつまり、毎夜毎夜、非常に紳士的で社会的な状態で入店してきた客が、ものの数時間で小学生のように、赤ん坊のように、オーヴァーしてしまった客に至ってはワニのような大型爬虫類のように退行してしまう姿を、集団的に見る。という日常を過ごすことを意味している。

前述の通り、こうしていきなりキレるのは、退行の1パターンに過ぎない。泣き出して止まらない、笑い出して止まらない、両者が交互に出てきて止まらない、どういう心理状態か全くわからない混乱が止まらない、他者を責め倒す者、自分を責め倒す者、完璧な博愛主義者になる者、品性下劣で知性に欠ける悪口、一文字も意味がわからない、もはや人語の態を成していない完璧な混乱。テーブルの上に立ち上がる者、地べたで寝る者。筆者は毎夜、バッカスのカーニヴァルの中で、国語算数理科社会の宿題に勤しみ、その合間に客同士のトラブル（99％がかなり激しい喧嘩）を、バックヤードから出てきた父親とシュートしていた（彼の下駄と、筆者のバットを使って）。

突然話は変わる。筆者はトリキが怖い。嫌いだとか、ましてやまずいとか言っているのではない。筆者はトリキが大好きである（因みに、てもみんも大好きである。精緻な描写が可能なのは、かなりの頻度で通っているからなのは、言うまでも無いだろう）。特にチーズつくねとぼんじり。駆けつけ6串は楽勝である。

しかし、怖いのである。何故か？　トリキは一方で（筆者はミシュラン星付きを喰い歩くのが趣味なので、最高2つ受星している焼き鳥屋も東京にはあり、当然行ったことはある。その上で言うが）非常に美味い焼き鳥屋ではあるが、同時に飲み屋であろう。大量の焼き鳥も消費されるが、大量のアルコールも消費される。

しかし、トリキの中で、筆者は退行のパターンを、たったひとつしか見たことがない。

それは、「楽しく享楽的にはしゃぎ、大声で笑う」というパターンである。ええ〜？　それ、早稲田界隈の、早大生しかいないトリキで、終電近くにしか行かないからじゃない？　ネヴァーノー。筆者は、今指折り数えても、自分はどんだけトリキが好きなのかよ。という程の店舗数が結果として出てしまっている。

あなたは、トリキで酔い過ぎて吐いてしまい、テーブルや床を汚して突っ伏している者を見たことがあるだろうか？　シクシク泣いて、友人に背中をさすられている者を見たことがあるだろうか？　ブッチブッチにキレた学生やサラリーマンが、互いの胸倉を摑み、力の入りすぎで全身が石化し、銅像のように動かなくなっている姿を見たことがあるだろうか？　イライラするほど片腹痛い、社会論や芸術論の議論を聞いたことがあるだろうか？　耳をつんざく嬌声、調子を取るための拍手を含んだ、間欠泉のように突如湧き上がる爆笑音、流行りのJ－POP以外を、トリキの店内で聞いたことがあるだろうか？

トリキは、焼き鳥の旨さに加え、圧縮型の店内構造によって、カウンター席とも、立ち飲み屋とも違う、ちゃんと着席しながらも隣席が異様に近い、詰め込まれ型の空間から生じる奇妙な魅力が、成長企業にさせたと言われている。筆者も異論はない。

そして、そこで生じたものは何か？　それは、高度な社会性とも言うべき、客たちの特異な振る舞いである。彼らは、大量のアルコール摂取によって、明らかに酩酊している。しかし、酩酊すれども退行していないのである。そこにあるのは「俺たちはこんなに仲が良くてこんなに楽しい。なんの問題もない」という、演舞的な表現ではないだろうか？

同様なケースは、例えば高級ホテルのバーでも生じてはいる。上品でダンディな大人の余裕。という演舞が、打ち合わせ無しに、共有空間を敷き詰める。

しかし、これは全く怖くない。キザったらしく、古臭く、超俗的な上から貴族目線は（トリキは「鳥貴族」なのに、全くこうした目線がない）やや反社会的ですらあるが、こうした、洒落腐ったダンディズムに批判的な、「高級バー左翼」とでも言うべき、1回裏返しただけのダンディズムに駆動された、無頼で野蛮の演舞をくり広げる徒が幅を利かせる（彼らは、わざとワイルドにナスティにダーティーに振舞う）という、20世紀型の社会構造が完備されているという、安全な懐かしさがあるからである。

トリキが怖いのは、端的に、来るべきファシズム社会の曙に見えるからだ。そして、飲んでも退行しない、健康で明るく、元気である姿を全力で表現するトリキの客を尻目に、退行者はどこに集結しているか？　言うまでもない。SNSの中に、である。多くの読者が、筆者がてもみんで見た幻想を「なんかネットの話みたい」と思った筈だ。あらゆるメディアで詳述しているので、ここではしないが、SNSは構造的に、あらゆるものを退行させる強い効果を持っている。

現代人は、非日常の象徴であるアルコールによって退行することを終え、日常の象徴であるSNSによって退行を起こす生物に進化を遂げたのである。そして、昭和の御代までは、アルコール非摂取の状態（日常）で情動奔流を起こす者は病とされたのに対し、同じくアルコール非摂取だが、SNSの慢性的な摂取（アレは明らかな中毒症状である）によって情動奔流を起こす者は、まずは二次元に、そしてストリートやオフィスといった三次元の日常に現れ始めており、病ではなく、一般化されるのは時間の問題であろう。非日常的なドラッグを使っていないからである。ペットボトルの飲料やクレジットカードで退行し、情動奔流する者たちが現れても、病とは認識されない筈だ。スマホ中毒患者たちは、アルコール中毒患者よりもはるかに人口が多く、三次元での対人的な消費行動中や、就労中に退行し、情動を奔流させるであろう。まるで、酒でも飲み、恋でもしているかの様に。

「突然荒れたりするわけないじゃん。だって酒飲んで楽しんでんだから。仕事や買い物の時や医者に行ってる時じゃあるまいし」という時代は、すぐそこまで来ている。そして、この、無秩序で危険極まりない社会には強い警備、そしてリーダーが必要になる。堅牢な、そして安易すぎる茶番。若者よ、トリキで目も当てられない醜態を晒し、筆者にわずかいっときの安堵を与え給え。

31 ああローマの酒の神とドイツの筆記具メーカー ――2019年11月5日公開

今回こそこの連載はコーションを受けて終了するかもしれない（来年の7月までだから無念なりあと7回を残しながら。ううう）。何故か？　オリンピック批判？　まーさーか。なし崩しに夏季と冬季の2つのオリンピック・リヴァイヴァルを成立させた（無茶苦茶だよ・笑・悪くスゲぇよ）安倍政権とIOCは実に素晴らしい。皇室批判？　まーさーか。「適応障害」とは、「〈服〉と〈体〉の〈不適応〉」即ち、〈公務用ドレスのサイズ感〉もおかしくなるものか、なんかいっつもドレスがデカすぎたり、帽子が小さすぎたりして、これもう大変なご心労、というより、診断書に適応障害と書かれているのだから、不適応にお墨が付いているのだよなあ。と長きにわたって心を痛めていたところ、皇后に即位されてからというもの、すっかりお元気になられ、目の輝き、表情の煌めき、そして何より服や帽子サイズのジャストフィット感によって、「公務用ドレスとお身体のサイズ感が〈不適応〉から〈適応〉へ」という適応障害からの寛解をこういう形でも……ああもう止めよう、これでは藪蛇になってしまうではないか。熱心なライトサイドの皆さんが、筆者を不敬である等といった愚かしい誤解をするとは微塵も思えないとはいえ。

では何故か。特定会社名と特定商品名を書くことになるからだ。今回のタイトルが株式会社ロッテの、冬の主力商品、「バッカス」と「ラミー」を指すものであることは、洋酒チョコレート市場の消費行動が半ば自分でも止められない、つまり筆者と同じ、洋酒チョコレートを愛する者、特に「バッカス&ラミー」推しの(「小梅ちゃん」とかどうでも良い。炊き込みご飯の具材にして学童に楽しく食わせてしまえ。きっとキャッキャ言って喜ぶ)通称バカラミアンには自明であろう。今年の解禁日である9月25日、筆者は「大人買い」などと言って箱買いしたりする品性下劣の徒ではない。新宿区内のあらゆるコンビニを廻り、バッカス、ラミー共に120枚ずつ購入して、全てを冷凍庫に格納した。

もし本稿を送信し、コンデナスト・ジャパン並びに、パートナーである森ビル株式会社の検閲が、最近、我が国に跳梁するコンプライアンスとかいう、マッドマックス並みの暴虐集団によって、忸怩たる思いで、筆者に対し、最悪全文の書き直しか、命拾いしても「◯ッテ」の「◯ッカス」と「ラミ◯」という、昭和並みの伏字判断を下さざるを得なくなっても、筆者は大恩あるコンデナスト・ジャパン並びに森ビル株式会社に対し、批判など一陣の風もない。どこの大企業が、トランプを支持するだの、N国・立花とマツコの顔が似てるだの、トリキの客はファシズムの準備をしてるようにしか見えない等と書かせてくれるものか。マキシマムリスペクト。いいっすよ伏字で!!

しかし、である。例によって、話はテレビジョンのチャンネルを変えた様に変わるが、ここ最近、あの北野武氏とメールの交換をした。内容はもちろん明かせないが、まあ「老人と壮年になっても子供同士である徒による遊びの類」だと言っておこう。その中で北野氏は、(以下は筆者の意図的な伏字である)○○○に対して、やや熱烈、かつ恥ずかしそうに綴り、「あれだけは仕事にしてないんです。誰にも言ってないんです」と、筆者が、「胸を打たれる以外一体どうすればいいのだ」といったパセティックなパンチラインを叩き込んできた。

筆者は、全てを仕事にする、品性下劣な男だ。音楽が好きだといって音楽家になり、映画が好きだといっては映画批評家になり、エッセイが好きだといってはエッセイストになり、格闘技が好きだといっては格闘技評論家になり、飲み食いが好きだといってはグルメ稼働の文化人になり、あるフェティシズムを持っているといえば、それをテーマにした小説を書き、ファッションショーが好きだといえば専門誌に連載を持ち、人に物事を教えるのが得意となれば学校の先生になり、ぺんてるのサインペンしか使わないといえばぺんてる社から取材が来て、上京して数年はチキンラーメンばかり食っていたといえば、チキンラーメンのムック本に寄稿依頼が来て、韓国映画やドラマが好きだといえば研究書を出し、シャンパン好きを公言すれば、あのテタンジェからウエブ販促の仕事が来る。推しのアイドルについて雑誌に寄稿したら、そのアイドルへのインタビュー依頼が来る。全ての趣味嗜好を、全て仕事にしております。

こうした、ひと言「淫ら」としか言いようがない人生も、ひょっとしたら「(堅実に夢を次々叶えて)凄く良い人生だなって」等と評価され兼ねない昨今(SNSによって完成した国民総ナルシスト社会に於いて、16歳の女性が、食事の写真、メイク直後の写真、半裸の写真、パジャマ姿の写真を毎日アップし、性遍歴、病歴を赤裸々に綴り、プロフ欄に「人生を切り売りしてまーす」とコメントをすることすらうんざりするほど見飽きた光景になった昨今、の意)、なんだか悪事を働いているのに、誰も自分を罰しないという透明感のある悪夢でも見ている様な気分であるのだが、ちゃんとあったんだよ! オレにだって仕事にしないモンがさっ!!

クーベルチュールの中にコニャックを仕込んだ、日本の汎用洋酒チョコレート第1号(1964年発売。筆者は1歳である)でありながら、サロン・ドゥ・ショコラが我が国の国是である「見本市(マーケット)は極大に」の法則に従って、新宿伊勢丹本館6階から、なんかビッグサイトみてえな見本市会場に移行するまで肥大した現在でも、我が国の洋酒チョコレート市場売り上げ金額第2位の位置を不動にしている「バッカス」。昨今の「ラムレーズン」ブームを遡ること約半世紀、日本の汎用洋酒チョコレート第2号(1965年発売。筆者は驚くべきことに2歳である)にして、ラム酒漬けにしたレーズンを仕込んだ、1箱に2本詰めのスタイルも不動のまま、我が国の洋酒チョコレート市場、堂々の売り上げ金額第1位に君臨している「ラミー」。

筆者は幼少期の記憶によれば、4歳からこの栄光の2トップを愛し続けてきた。愚兄と14歳違い、その影響で、自分の同世代よりサブカルが14年分古く固まってしまった筆者は、クラスが仮面ライダーとザ・ドリフターズの時代に、一人だけハナ肇とクレージーキャッツ、ウルトラQで世界が固まっていた。特に、「バッカス」「ラミー」が、クレージー映画と、観念連合的にはっきり繫がっていることは、双方を愛する、今や70代にならんとする紳士諸氏であらば、説明は不要であろう。クレージー映画には、銀座の高級ナイトクラブ（ダンサーのショーやジャズバンドの演奏用のステージまである様な）が必ず出てくる。そこで植木等はナポレオンやジョニーウォーカーの黒を飲んで、紙巻のハイライトを吸い、豪快に笑う。

乳幼児からやっと言葉を覚え、鏡像段階も経た、人間もどきぐらいの筆者は、思いっきり背伸びをした。命がけの大背伸びである。それは「バッカス」と「ラミー」を食べながらクレージーキャッツの映画を観ることで、妄想の中で、自分もスーツを着て豪快に笑い、淡路恵子や浜美枝や団令子を次々に落としていったのである。

さて、ひょんなことから、筆者は、株式会社ロッテが、２０１8年8月31日に、自社製品の販促のため、ネット空間の中に、仮想のテーマパークである「ロッテランド」を建設したという事実を知って、ぐっと堪え、更にぐぐぐっと堪え、更にぐぐぐぐぐぐぐぐぐうーーーーーっと堪えた末に、堪えきれずに入ってしまった。全貌を見るに、デザイン的にはテーマパークのスタンダードスタイルではあるとはいえ、端的に、物凄く楽しそうだ。ＴＤＬの年間パスポートを過去、所有していた筆者は、涙がこぼれそうになるほどだった。これこそが、過不足なく、間尺にあった夢の世界と呼ぶにふさわしい。

あゝ、そしてなんたることだろうか。筆者はそこに、バッカスとラミーを扱う、大人の電脳バー「ラミバー」を発見するのだ。

入室すると、果たしてそこは、ラミーとバッカスの商品説明から始まり、ラミーとバッカスを愛する人々、すなわち筆者の同志たちが集い、手書きのメッセージカードを見せ合ったり、ラミーやバッカスを素材とした、オリジナルスイーツのレシピと写真の共有、そして更に深い階層には「10月15日　ラミーバッカス川柳コンテストｉｎ２０１９　結果発表！」「9月17日　２０１9年度第1回ファンミーティングレポート公開！」とあるではないか！　筆者は過換気を起こしそうになり、気が遠のくのを感じた。気がついたらファンミーティングのレポートをクリックしていた筆者は見たのである。そこにはロッテ本社の会議室で行われた、この世の極楽としか言いようがない、まるで90年代のオフ会のような、ファンミの様子が映っているではないか！！！！

そして、あゝ、あゝ、この世はどうしたものだろう。筆者の舞い上がり、慌てふためいた視線は、「２０１９年度　第2回ファンミーティング募集中」の一行を見落としていたのだ！！！

筆者はあらゆるサイトに入らない。どこの会員でもない。ポイントカードは1枚も持たない。アマゾンで画鋲1個買ったことがない。音楽はＣＤしか買わない。別に個人情報が公安の手に渡ろうと悪徳業者の手に渡ろうと、全く構わない。パスワードとかメールアドレスを問われても、暗記することが出来ないし、なんか関所関所で「同意する」とか言って、同意するのも気に食わないし、一回、あんまりにも粘着的にPCが「アップグレードしろ」「大変だウイルスに汚染されたバスティングしないとお前は危険だ」とか恫喝したので、仕方なく適当にいじっていたらPCが破損しかけ、エキスパートである友人に救出してもらったことがあった。

しかし筆者は、禁を破ってしまった。まず最初にしたことは、部屋の電気を消し、ひとりになり、誰にも見られない様にしたことである。それからパスワードとアドレスを紙に書き、ロッテランドのラミバーに入り込み、苦闘に苦闘を重ねた結果、とうとう〈ファンミの応募〉にまで漕ぎ着けたのである！！！　ひとりでできるもん！！！！

このことは絶対に誰にも言わない。筆者は人並みに重い秘密も抱えなくもないが、基本的には、劇場型の人格である。でないとこんな連載できるか。なので、「絶対誰にも、家族にも友人にもバンド仲間にもタクシーの運転手にも言わない」という自主箝口令を敷いたのは、ひょっとして生まれて初めてだったかもしれない。

そして、筆者は、身分（というのは大袈裟だが、慣用表現として）を隠し、「職業　自営業」として、応募したのである。大変な倍率であることは予想に難くない。ファンミは10〜15人ほどで行われる。しかし、ラミバーの掲示板で交わされる会話の熱心さ、ハンドルネームの数は目も眩まんばかりのものだ。

（よし……審査基準は、この「バッカス&ラミーと私」という作文の出来と、天運だな）と理解した筆者は、もうはっきり言うけど、この連載に対する100倍の集中力で、細心の注意を払い、文体を、内容を考えに考え抜いたのであった。

自分のクリエーター特権は絶対に行使しない。自分は市井の、生まれた時からラミーとバッカスをこよなく愛す、一般人市民なのである。流暢で衒学的な文体などもってのほかだ。いや、自分の世代のバッカス&ラミー親父の作文は、鼻持ちならない流暢さとダンディズムによって、加齢臭ビンビンの方がリアルなのかもしれない。たまに老眼からくる誤字も入れないと。いやいやいやいや、それは考え過ぎだ。審査官であるロッテの社員の方に、自然な好感を持って頂き、「是非、この方にファンミに来て欲しい」と思わせる、さりげなく、熱烈で、加齢による優しさと人生の厚みを感じさせる、かといってエモすぎない文章。筆者は、ファンミに行って、もし万が一、絶対そんなことはないとは思うが、世の中は冥府魔道である。「あ！　菊地さんじゃないですか！　ラジオ聴いてました」等と言われた時、どう対応しようか？　「いやあ、同姓同名なんでね。よく間違われるんですよ」にしようか「あ！　ありがとうございます！　でも……ほら今日は、いちラミー&バッカス愛好家として来てるので、終わった仕事のことはちょっと（笑）」とすべきか。それに際する決定と、その決定から導き出される内容。バージョンは18を超えた。

3日がかり、改稿19回目にして、「なんとかこれで、一応のスタートラインに立てる……かもしれない」と言う、僅か2000文字の短文「バッカス&ラミーと私」が書き上げられた。筆者は、PCのモニターの前で、まるで神棚のように手を合わせるぐらいなら死んだほうがマシだ、ぐらいに思って半世紀以上生きてきた。そんな自分がとうとう、手を合わせたのである。「どうか、どうか、受かりますように」「ファンミーティングに行かせてください」筆者は目をつぶって送信ボタンを押し、慌てて目を開け、正しく送信されたかを確認した。

もし万が一、自分を知る方がいらしても、自分の話なんか30秒も持たないぐらい、バッカスとラミーの話で盛り上げ、掻き消してしまう自信はある。机には、食べ終わったバッカスとラミーの箱が4箱分積み上がっていた。

審査結果は、当選を発表にかえる。というやつで、つまり連絡が来なければ自動的に落選となる。作文は3段落。最初の段落だけご披露しよう。

「私は、昭和38年、千葉県の銚子市という港町で生まれました。ですので、バッカスとラミーは、物心つく頃から目にしていました。しかしそれは、スーパーマーケットや駄菓子屋などではありませんでした。当時の銚子市には、デパートと呼べるものがふたつだけありました。そのひとつは、後に大火を出して焼失してしまうのですが、「五色」という3階建ての洋品店でした。そこに、御社のガム、そしてチョコレートの自動販売機があったのです。生まれて初めて、お菓子の自動販売機を見たのがそこでした。それは万博よりはるか前に、未来を感じさせてくれる、夢の機械だったのです」

結果、筆者は、落選した(笑)。落選したのだ。歯医者には何もやるな。しまった間違えた。敗者には何もやるなとヘミングウェイは言った。筆者はもう20年近くやめていたタバコを吸った。窓から外に向けて煙を吐き、1時間近く、表面的にはニヤニヤ笑っていた。またひとつ、大切な思い出を仕事にしてしまうだろう。誰にこの話をしてもゲラゲラ笑うはずだ(実際にそうなった)。誰にも言わないできた、そしてたったひとりで、職業も年齢もなく、愛だけで知己なき人々と繋がろうとした、本当の意味で清い行為が、自分の淫らな人生を、少しだけ浄化してくれるのかもしれない。などと思ったのは、落選を知ってからだ。まずはマネージャーに、次に音楽仲間にこの話をし、腹を抱えて笑わせてから、筆者はこの1件をネタに、締め切り迫るエッセイの連載に取り掛かった。

32 次に狩られるのはあいつだ〜激動の令和2年を予測する

――2019年12月19日公開

「来年のことを言うと鬼が笑う。と言うが」と言う出だしを、エッセイストが安心して使えるのはいつまでだろうか？　もう令和の世には使えなくなる気がしないでもない。そもそも「鬼」は、現在すでに固有名詞ではなく、形容詞である。平成の御世には「鬼パねえ」と言う言葉すらあった（筆者はこの言葉が、虫唾が走るほど嫌いだった。あと、もう誰も言わないからいいけど「そもそも論として」というのが、軽く貧血を起こすぐらい嫌いだ。サラリーマン同士が、真面目な顔で、「いやだから、これはそもそも論としてさあ」などと隣席で口角泡を飛ばしているのが視界に入るにつけ、「なんだそもそも論って？　宇宙の起源について学術的なことを話してくれるなら許すが、たかが社内コミュニケーション不全で話が食い違ったとして、その程度の話を再確認しようという意図から出た言葉として、なんだこの恥ずかしさは？　カタギが作ったスラングだからだ。カタギはスラング作りには向いてない。スラングは不良やキ○ガイが作るものであって、「そもそも論」だったら、遥かに「もそもそ論」や「そろそろ論」の方が良い。前者は、パンとかサブレとか、口中の水分を吸収する食品を口いっぱい頬張って、その名の通り、粉を吹きながら誰もがモソモソ論ずる論である。これは良い。第一に聞き取れないところが良い。そして「そろそろ論」もかなり良い。「そろそろ論として、もう俺たち先ないよな。別れよう」とか「そろそろ論として、K－POPとEXILE系は今年いっぱいで共倒れだろうね。いや好き嫌いじゃないよ。オレ個人は3代目も防弾も好きよ。あくまでそろそろ論として!!」みたいに使われる。と、さすが年末。カッコ内文章量最大記録を達成！　よく「カッコが長くて読みヅラい」と言われる筆者だが、そもそも論として、カッコ内のフォントのサイズを変えれば一発で済む話なのだ。今回から小さくしてください)。

まあ、「凄い」の代用語が、生まれるなり天井知らずのインフレを起こすのは言語と程度という構造の前では自明だとしても、今「来年のことを言うと鬼が笑う」と言っても、下手すると最悪、「来年のことを言うなんて鬼笑う」と、形容詞にされてしまうのがオチだし、虐められた過去を持つ者どもが共有的に作り上げる、気持ち悪いネットスラングの中でも至高のものとして筆者が崇めている「ワロタ」(キーパンチしただけで死にそう・笑)とくっつけて「菊地が来年の予測とか言ってアタマおかしいこと書いてて鬼ワロタ草」と言われる可能性が1%でもある限り、「来年のことを言うと鬼が笑うなどと言うが」という書き出しは絶対にやめようと思う。「エッセイストが安心して使えるのはいつまでだろうか？　もう令和の世には使えなくなる気がしないでもない」どころではない、書いているたった今、もう使えないことが決定。

変容したのは「鬼」だけではない。「笑う」もそうだ。昨日『ジョーカー』という映画を観たが、痛快この上ない。クリストファー・ノーランの暗い世界観なんかクソ食らえの、明るく楽しい作品で、何せ、ものすげー金をかけて、筆者が1番好きだった1975〜1979年ぐらいの（コッチ市長時代）、一番汚くて危険なニューヨークがほぼほぼ街ごと再現されていたのが鬼パなかったし、やっとホアキンをハラハラしないで安心して観られるのも良かったし、何せ見事なまでの『タクシードライバー』換骨奪胎ぶりは誰にだってわかるチャームで、ホアキン演じるアーサー（のちにジョーカーになる男）がトラヴィスの顔に似てくるあたりは、さすがデニーロを迎えただけあって、「Wデニーロメソッド」という感じでシンクロが実に力強い。トラヴィスが少女買春をしているピンプとその一派を撃つ銃と、アーサーが、偽善と正しいマッチョに満ちた司会者（デニーロ演）を射殺する銃は口径が同じである。

何せ、この作品は「笑うこと」に関して、ネット活動をこじらせて、三次元で笑う時、話の流れと関係ない、あるいはねじれた関係（主に、退行的な自閉によって、相手が話している時に、何かの考えに取り憑かれて、それに笑ってしまう。といった）によって生じる、他嘲笑、自嘲笑、ヒステリックな発作笑、等々、「気持ちの悪い笑い＝異常な笑い」しかできない者共（性別問わず）の急増によって、彼ら（性別問わず）1977年当時のボンクラがトラヴィスにこぞって移入したように、前半では、彼らの移入を「キモい」アーサー（の笑い方）に局所集中させておいて、最後の最後に、アーサーの引きつった笑いが、養子縁組による血の繋がっていない母親からの激しい虐待によって受けた、頭骨に対する打撲による、脳の損傷、つまり外傷性のものであったことを明示し、あれよあれよという間にアーサーがカリスマ性を得て、キモい奴でなく堂々とした悪い奴になってゆく根拠が、言わばニューロティカからの脱却を見せてゆく過程に、トラップを仕込んでいる点が素晴らしい。ニューロティカは基本的に自己拘束的であり、覚醒できない。カリスマを得るのは覚醒者＝狂人なのである。

アーサーは、トラウマの忘却者＝ニューロティカとして始まり、その言語化（物凄い行動力による、正しい自己分析）によってどんどん精神的に健康になり、「この世界」からの、武具（銃）の獲得も相まって、猛スピードで精神病に至る。という意味で、合衆国のフロイディズム使用が、もはや臨床治療にはなく、主に映画の脚本、登場人物の人格設定用に稼働しているという筆者の持論をエゲツなく見せてくれた。ＤＣＧＪ。

と、この作品の「キモい笑い」という罠にシンプルに引っかかる「ちゃんと笑えない人々」でいっぱいの世界に於いて、「来年の話」をすると、「鬼」が「笑う」などということは、もう、昭和のニュアンスで伝わるのは全然無理だ。と、途方にくれた上、すでに疲れたので、早速、来年の予測に入る。

来年は、いよいよ天皇の生前退位による新元号の始まりと、当連載のタイトルにあるように、うんざりするような2度目のオリンピックの前年として、様々なことが起こるであろう。まず間違いなく、大河ドラマは東京オリンピックを描く日本近現代の歴史絵巻になる。おそらく脚本は宮藤官九郎、音楽は大友良英で、主役は複数性にならざるを得ないが、大人計画の俳優が大挙大河に押し寄せる様は壮観であろう。オープニング動画は、VFXを駆使したものになり、筆者の直感では、意図を超えて『大日本人』の影響下に位置する。

政治的なムードは、誰かが仕掛けた「安倍首相を中心とした右傾化＝ファシズム国家の完成」という、実のところ絶対にあり得ない事実を捉えたパブリックイメージが根強く残ったまま、全く別のファシスト候補が現れる筈だ。彼と安倍首相も、全く直接関係はない。彼を生み出すのは、SNSにほぼ全権が移譲された「世論」の予期不安としての「ファシズム（待望）」を、無意識的に背負って立つ、ストリートのおぞましい英雄で、ヒトラーがそうであったように、具体的で明確な敵を設定した、ベタベタなアティテュードとキャラクターを纏うだろう。敵はなんでも良いが、それがもしNHKだった場合、大河ドラマでオリンピックを扱うNHKとフルコンタクトしない緊張関係を生む。その無意識的波及は、例えば大河主要キャラクターの、スキャンダル発覚による降板劇が連鎖するとか（下手をすると、翌年の大河にまでその連鎖が続く）いった、想像し得ない形で現れるであろう。

正恩は詰めに入ってしまった。核弾頭を炸裂させても、させずに腰抜けた（先代までと同じ）威嚇発射を続けても、どちらにしても負け、という状態から抜け出せないままだろうし、それを囲い込んだのは、合衆国でもバカ集団のトップを誇る都市部の白人リベラル達が、気を失いそうになるまで怒ろうとも、当連載で指摘した通り、非戦大統領であるトランプの業績である。トランプは来年も戦争と呼べる戦争は絶対に起こさない、というか起こせない。

ジャニーズ・エンタテイメントはキンプリを打ち出して、平成ジャニーズの勇退路を次々に打ち出す筈だ。『GQ』誌の恒例「メン・オブ・ザ・イヤー」を、高い確率でキンプリは受賞する。これは記録の上では、嵐の松本潤が2008年に25歳で受賞した、ジャニーズタレントの最年少記録を、しかも集団的に更新することになる（キンプリは最年長で24歳）。その際『GQ』は、彼らのインタビュアーに、高い確率で音楽家の菊地成孔氏に白羽の矢を立て……うわーしまった!! これは昨年末にガッツリ書いてから、逡巡の末に破棄した「来年（2019年）の予測」だった!! しかし自分の予測の正解率に震撼する思いである。まあ、実は今書いたからであるが。

さて、本物の「来年（令和2年）の予測」をする文字数が、もう些少になってしまった。予測はあらゆる角度から100トピックほどあるのだが、断腸の思いでひとつだけ書くことにする。来年は「嫌煙権」から派生的に「嫌咳権（けんがいけん）」が生じ、あっという間に強い具体性を生じるだろう。

スターバックス等のカフェ空間や、あらゆる公共施設には、入り口に紙マスクが置かれ、現在での、食品加工工場並みの強制力でマスク着用が義務付けられるだろう。ハンドルネームの定着、個人情報漏洩への恐怖、化粧技術の発達（顔面は最大の個人情報である）、という、2次元から3次元への壁なき越境の流れと併せ、イスラム圏でのニカブ（顔のヴェール）定着の日は近い。

「発作的に強い咳を連発する方用」に「喫煙室」ならぬ「発咳室」が設けられ、噎せてきた人々は、急いでそこに駆け込む小走りが許可される。手洗いは現在よりも遥かに頻繁な行為として定着し、強迫的な洗浄（心理的根拠は風邪の予防ではなく、罪悪感と恐怖感）と消毒によって、人々の掌はあらゆる有機的なヴェールを失い、ダンボール紙のようになるので、掌用保湿剤の売れ行きが、クラシックス（「ももの花」とかね）から、最新式（製薬会社が出すにしても、化粧品会社が出すにしても、それは素晴らしいデザインと品質になる）まで、二次曲線的に上がるであろう。

これが、近代で唯一、禁酒法を制定した過去から、他罰の訴訟社会として、自己正当化と被害妄想と攻撃性がリベラリズムと交換されたアメリカの病理が、我が国に感染している症例であることは言うまでもない。文字通り、アメリカが咳をすると日本が風邪をひく（と強く思い込む）のである。副流煙で死んだ老人や子供を、あなたは1人でも知っているだろうか？　肺癌と喫煙の関係は指数関数的ではない。筆者の亡父は、日本料理の板前だったことから、90年近い人生で1本のハイライトも吸ったことがないまま、相互依存と言えるほど深い愛で結ばれた妻がアルツハイマーに罹患した瞬間に、いきなり肺癌に罹患して、妻が完全に自分を忘れる直前に、滑り込むように追い抜いて亡くなった。人は、他者が流出させる廃棄物、あるいは環境そのものに充満している何らかのウイルスによって発病の準備状態に至ることも多々あるが、風邪からあらゆる癌まで、自己の免疫低下によってしか発病しない。自己の免疫低下を他罰するという、他罰の合理化はもちろん無限に可能だが（あいつ＝会社＝社会が、自分に疲労とストレスを与えている、といった）、自責も他責も適正値で収まらないのが人類の属性であることは言うまでもない。

なので筆者は、「喫煙、乃至、二次喫煙による発症」と「共有空間内での咳による発症」の確率を比べるなどという、リベラリストのような愚行はしない。あらゆる「狩られるもの」は、気分なのだ。今日、集団的に疎ましがられているものが明日狩られる。数値はいくらでも捏造できる。あなたは昨今、電車内で、タクシー内で、図書館内、映画館内で、マスクをせずに派手に咳をしている人物に対し、あまつさえ、あなたをマッサージしたり、治療したり、あなたに直接接触する者が咳き込んでいる時、「まあ、タバコ吸ってるわけじゃないし」とかなんとか言って、寛容になれる、と断言できるだろうか？

むしろ筆者が主張したいのは、狩りの対象が咳に移った時、喫煙に対する寛容さが増すと筆者が直感していることである。「実際に副流煙で死んだ奴なんて見たことないよ。だけど、咳は発癌性物質よりも遥かに具体的に細菌を撒き散らしているだろ。誰だって隣の奴の無神経な咳で風邪もらっちゃったこと、あるよな？」という他罰的詭弁の説得力が、「まあ、もう少しさあ、制限内で、レストランの食後にタバコを吸えるようになっても良いんじゃないかな。匂いのつかないやつ、っていうか、葉巻みたいに、香りが良いのもあるじゃん。店側も排煙の建築設計だとか設備とかをアップグレードして」といった詭弁の横滑り、というより、虐めの生贄の移動。は確実に起こるであろう。電子タバコ全般の開発と定着も、それを応援する。

筆者の、こうした直感（筆者は類推しない）は、44歳までチェーンスモーカーで、12年間タバコを（なんの苦もなく）止めていた自分自身が、特に理由もなく、或いは、無意識的なストレスによって、或いは、社会に対する、炭鉱のカナリア的な体質化した対応力によって、喫煙（電子タバコ）を突如再開したことによる。筆者は3年前にタトゥーを入れ、今年から喫煙習慣が復活した。全ては来るべきオリンピックへの無意識的なアゲインストであると自己分析している。そして、裸眼ならぬ裸の口唇で咳をすることが許されない、嫌咳ヒステリーの社会がやってくるのである。今年もご愛読ありがとうございました。連載はあと6回で終了する。

2020年

1月17日　阪神・淡路大震災から25年
1月17日　「チバニアン」正式決定＝千葉の地層、地質時代名に
1月30日　新型コロナウイルス感染症対策本部発足
1月31日　英国ＥＵ離脱
2月5日　新型コロナウイルス感染症　大型クルーズ船から感染者移送
2月10日　米アカデミー賞　韓国映画の『パラサイト半地下の家族』が最多４冠
2月15日　東京オリンピック聖火リレー　都内でリハーサル
2月29日　米とタリバンが和平合意
3月13日　新型コロナウイルス「新型インフルエンザ特別措置法」の対象に

3月14日 「高輪ゲートウェイ駅」開業　山手線新駅
3月24日 東京オリンピック・パラリンピックの1年程度の延期決定
3月26日 聖火リレー延期発表
4月7日 緊急事態宣言発令
5月21日 黒川検事長が辞表提出　賭けマージャン認める
5月25日 緊急事態宣言全面解除
5月25日 警官による黒人男性暴行死　デモ全米に拡大
5月30日 民間初の有人宇宙船　打ち上げ成功
6月30日 香港国家安全法案を可決　中国
7月5日 東京都知事選　小池百合子氏圧勝
7月16日 藤井聡太七段が最年少タイトル　17歳11カ月棋聖位獲得
7月18日 俳優　三浦春馬さん(30)死去
7月22日 「GO TO トラベルキャンペーン」スタート
7月26日 商船三井の貨物船座礁、重油が流出　モーリシャス島沖
8月4日 レバノン・ベイルート港爆発事故
8月12日 日航機事故35年
8月15日 敗戦から75年
8月28日 安倍首相が辞任表明
9月16日 菅内閣誕生
9月29日 トランプ大統領とバイデン氏が第一回テレビ討論＝米大統領選
10月2日 トランプ大統領　新型コロナウイルスに感染

33 正月に観た、謎の国の、謎の儀式

——2020年2月3日公開

いよいよ令和2年。2020オリムピックイヤー。読者の皆様には新年の寿ぎを7時間も8時間も吟じたいほどであるが、おそらく本稿が掲載される時、最も近いアニヴェルセールは、節分も越え、むしろ聖ヴァレンタインズ・デイであろう。日本式であろうがアメリカンスタイルであろうが、歳時記には忠実であるべきエッセイストという仕事に就いている限り、ただただ恥じ入るばかりである。どの面を下げて、2月中旬に「明けましておめでとうございます」等と言うのだ。

理由は何も聞かず、春節（一応念のため。中華人民共和国の旧正月）の挨拶とでもさせて頂きたい。春節にも遥かに遅れているが。しかし、日本人の感受性平均からすると度を超しているとしか思えない春節の派手さと目出度さを、筆者は掛け値なしで愛している。単に筆者は爆竹が好きだ。爆竹だけではない、BUCK-TICKもかなり好きである。BUCK-TICKをGUSTUNKやX JAPAN等々と一緒にされては困る。BUCK-TICKには突出した異形のオリジナリティとクオリティがある（GUSTUNKやX JAPANにオリジナリティとクオリティが無

いと言っているのではない。念の為)。明けましておめでとうございます。当連載も、これを含めてあと6回を残すのみとなった。

元日に起きた奇妙な話をさせて頂きたい。繰り返しは稚拙と承知の上で書くが、とても奇妙な経験である。筆者は元日に、千葉県銚子市の実家に帰っていた。

これは恒例の帰郷ではない。元日に実家に帰ったのは、筆者の記憶が確かなら1985年以降、2度目である。既に両親は亡く、義姉が定期的に清掃や家賃の徴収(実家は今でいうテナントビルなのだが、6つあるテナントのうち、5つはもう20年以上借り主がなく、昭和の終わりから、ただひとつだけ営業し続けているバーの、既に老婆に近い店主から、直接家賃を徴収する形になっている。言うまでもないが、筆者も愚兄もそういうことが出来る人物ではない)の為に訪れなかったら、とっくに廃墟になっていただろう。

40年弱も帰らなかった実家に、今年に限って帰った理由については詳述しない。というか、出来ない。特に理由がないからである。令和の開始も、この連載に冠された2度目の東京オリンピックも、他のあらゆる社会的な胎動の予感も一切関係ない。齢56にして自分の人生を振り返ろうという衝動もない。筆者は、衝動と天啓によって生きてきたし、衝動と天啓によって還暦を迎えるであろう。何れにせよ筆者は、大晦日の19時から新宿のジャズクラブに出演し、演奏が終わってから実家に向かい、26時ほどに実家に着いて、凄まじい疲労と、奇妙な安堵と、拭い去ることのできない自己嫌悪感がミックスされた気分の中、電子タバコを一服し、恐ろしいほどの暗闇と静寂の中、先ずは旅館のように分厚い座布団に座り、自分の首を揉みほぐすことにした。

玄関先には、亡父が太平洋戦争に参加し、国家のために軍事を立派に務めたという賞状が額装され、誇らしく飾られている。亡父の満州国に於ける武勲を認定した総理大臣は中曽根康弘である。俳人でもあり、内閣総理大臣史上、大隈重信に次ぐ長身である中曽根の、墨痕鮮やかな署名は威厳に満ち、大変な達筆である。昔日はカラオケバーだったが、そこが潰れた後、今は物置になっているテナント物件には、筆者が生まれて初めて買ってもらった自転車が、飴細工のように捻られるがまま、40年以上放棄されている。車体には仮面ライダーの写真がプリントされており、亡母による拙筆で「3ねん2くみ　きくちなるよし」と記されている。

年越し蕎麦も節もない元日は、むしろ清々しかった。窓を開けると空気は清涼で、屋上に出るとさらに清涼だった。狭い屋上を周回しながら、新宿のコンビニエンスストアで買った菓子パンと鳥の唐揚げを同時に頬張るのは楽しかった。それを「どうして現代日本が、こんな水準のものを汎用とするのか」と思うほど不味い、ペットボトル入りの日本茶（伊藤園の名誉のために「お～いお茶」ではないことだけは記しておく。筆者はペットボトル入りの烏龍茶は伊藤園の製品を最上と断言するに吝かではない。伊藤園への不当な評価の低さは、令和の世が正すであろう）で流し込むと満天の片隅に銀河鉄道が走り出した。

だめだだめだ。こんな在り来りなものを見つめていたら正月から詩人か画家にでもなってしまうだろう。テレビを見ないといけない。元日こそ、和装の芸能人が右往左往する品性下劣極まりないテレビバラエティを見て、心を落ち着けないと。

しかし、あろうことか、本州最東端に位置し、「日本で最初に朝日が見える街」という観光スローガンが伊達ではない上に、全くなんの役にも立っていない、つまりは永遠に観光地化の夢を叶えられない千葉県の銚子市という異界に、朝日が昇り始めた。

初日の出だ。それは荘厳で、ワグナーの交響詩が耳をつんざく爆音で鳴らされているかのようだった。だめだだめだ。こんな在り来りなものを見つめていたら、チンケな宇宙観と共に、クラシック音楽のにわかマニアにでもなってしまう。なんと悲惨な。居間に戻ろう。居間に戻って、和装が似合わぬ(特に女性)芸能人が右往左往する品性下劣極まりないテレビバラエティを見て、心を落ち着け、平常心を保たないと。筆者は、今日が1月1日だと信じていたが、本当にそうなのか、急激に自信を失っていた。

漆喰でも塗ってあるかのような昭和のテレビリモコンを握って、昭和のカラーテレビを点けると、両親が心から愛していたNHKが映し出された。そしてそこには、仕事柄、世界中の宗教音楽や宗教儀式を研究している筆者でさえ、全く見知らぬ国の、非常に奇妙な、見知らぬ式典の生中継が映し出された。

端的に筆者は、儀式が全て好きだ。爆竹が好きな理由も、香炉が好きな理由も、民族音楽が好きな理由も、鏡が好きな理由も、左腕にヒンドゥー教の神鳥、ガルーダの刺青を入れているのも、全て同根である。一瞬で筆者は、その中継にのめり込み、自分の教養ストックを駆使し、猛烈な速度と精度で分析をしながら、同時に、儀式の中に完全に入り込んでいた。

それは詠唱のようなものと舞踏を伴う仮面劇で、何語なのか、どんな内容なのかも全く理解できなかった。既知を貪ろうとしていた身体に、未知の儀式性は、向精神薬のように効き、治癒効果と高揚効果の融合は、神事としか言いようのないトランス状態を生み出した。

インドネシア全域にある、ガムラン演奏付きの神話劇、例えば有名な『ラーマーヤナ』などは、人間は全て素面で、人間以外の生物（鳥、猿、鹿）は仮面をつけている。因みに善玉は全て女性、悪玉は全て男性であるが、仮面の脱着はない。

しかし、その舞踏は、筆者が見る限り、全員が男性の、しかも高齢者であり、仮面は舞踏と詠唱を担当する者だけが被り、驚くべきことには、その仮面を、劇中で何度も取り替えるのである。

音量が小さかったので聞き取りづらかったが、楽団の名前は『コンパ・ルリュ』、演目は『オキーナ』と『エンメ・カジャ』。西アフリカ全域の言語に近いと言えなくもない。

楽団の編成は、敢えてアフリカのそれに例えるならば、バタドラム3本とトーキングドラム1本、フルート1本とコーラスが付く。小劇場程度の正方形の舞台に、仮面ダンサーでありソロシンガーである演者が3名、楽団全員と同じ方向を向いてセットされており、舞台に仕切りはない。

おそらく長老であろう、舞台向かって左端に座っているバタドラム奏者がリードするアンサンブルの演奏は奇跡的で、筆者には、どういう構造の律動か、一聴するだにバラバラにほぐれて中心が見えない、しかし、実のところ一糸乱れぬアンサンブルを律しているのが、長老の叩き出すバタドラムの打点であることは、音ではなくむしろ映像からわかった。彼らは全く目を合わせず、全員が真正面を向いたまま、長老の打点に導かれて、非常にフラクタル度の高い、揺らぎまくりながらも精度の高いリズムパターンを、変幻自在に演奏する。全員が男性の老人、という事実と併せ、筆者はブエノスアイレスのタンゲリア「バル・スール」で深夜3時から始まるアルゼンチンタンゴのバンドを想起せざるを得なかった。瞳孔が開いてゆくのを、触覚の領域ではっきりと感じていた。ここでの長老は魔法使いである。

コーラスの詠唱は、サンテリア（中南米に広く定着しているブードゥー教の仲間で、ヤギや鳥の生き血を浴びたりする、ハードコアトランスな宗教儀式）のような腹式呼吸のリズミックな熱唱ではなく、バチカンに於ける悪魔払いのそれに似た、胸式呼吸もしくは循環呼吸によって、声帯にミュートをかけた発声の地唄で、ドローン（持続音）的に流れ続ける。歌舞伎における義太夫語りの語り始め、神道の声明、イスラム教のクラン等のミックスのようでもある。

シンガーであり、ダンサーであり、おそらくヒーラーでもある演者の衣装は、サプール（コンゴを中心に流行する、原色で現代的なスーツを着て街を練り歩く、奇妙で魅力的な遊び人たち）に似た原色でありながら、非常に落ち着いた光沢の布地で編まれており、画面から見て取れるテキスタイルの質感と色彩は、相撲の興行に近い。相撲と違うのは、白装束の者も混じっているところである。

演奏に合わせて、一人ひとりがソロダンサーとして中央に出てくる。その動きは、恐ろしいほどに緩慢で、まるで、微動だにしていないかのようだ。しかし、踵からつま先を使って、全体重をゆっくりとリフトアップさせ、同じ速度で元に戻す、といった、試しにやってみればわかる、というより、試しにやってみたら、全くできないことがわかる、大変な筋力を必要とする動作に満ち満ちている。時間が停止する寸前の状態にあるバレエのようである。

カソリックやゾロアスター、山岳宗教などにみられる、香炉（それは多く、僧侶たちによって、振り回され、空間に香が充満する）はなく、少なくとも演者たちは、とするが、演奏と詠唱と舞踏によってのみ完全にトランスする。しかし、一般的なトランスとは異なり、完全に正気に戻っている時間が縞状に挿入される。仮面の付け替え、ダンサーの入退場時、そして、儀式が終了し、閉幕（舞台に幕はないが）を待たず、舞台に横付けされた通路を去る際に、楽団がダンサーの退場やダンサーが歌舞伎の花道に似た、楽器のパッキングを始めてしまうことなどによって。

筆者は久しぶりに、心から本当に、掛け値なしに没入した。なんだろう、この、経験したことのない感覚。時間は刻々と過ぎた。円環時間や発生時間ではない。完全な直線時間だが、問題はその速度、その質である。速度には質がある。この儀式における速度の質は、筆者が全く未経験のものであった。

凄まじい、と言って過言でない浄化が筆者に訪れた。スマホは所有しておらず、ノートブックを持たずに帰郷した筆者は、憶測からこの儀式について検索することができなかった。しかし、検索はしなかったであろう。この圧倒的な未視感、未経験感を、検索などで確認する必要はない。筆者は番組の終了時に出るタイトルとコンテンツだけを見届けようと目を凝らした。そしてそこには、

〈新春能狂言　金春流『翁　十二月往来　父尉　延命冠者』〉

とあり、長老の紹介には〈大鼓（おおつづみ）　人間国宝　柿原崇志〉とあった。魂が抜けるとは、こういう時の状態を指すのであろう。筆者が辛うじて現実感を取り戻したのは、臨時ニュースのテロップで、合衆国がイランに空爆を仕掛けた。と云う文字列を網膜が識別した瞬間である。

＊追記＊

例外的に追記を設ける。事の評価は多義的であるので、様々な解釈が飛び交っていると推測されるが、あくまで筆者は、以前この連載に書いた通り、トランプを非戦の徒だと現在も考えており（現に全面的な武力衝突という意味での戦争は起こっていないし、筆者の予測では両国ともに現状の国力では起こし得ない。そもそも「戦勝」という事態がメタレベルに移行してしまっており、米軍がイラン経由でイラクとの関係をこじらせ、もう一度バクダードを制圧したとしても、「勝った」とは誰も思わないし、ICBMを持たず、自国領が戦場化せざるを得ないイラン側も、侵攻してくる米軍兵士を、時間をかけてどれだけ大量虐殺し、多くの帰還兵をPTSDで潰し、自国の何かを守っても、「勝った」ことにはならない。20世紀のそれと比較して、「戦勝」のメタ化、液状化により、戦争リスクは何万倍か、既に整数倍で計測できなくなっている現在、トランプの「むしろ戦争を止めるために空爆した」という、平均的ホワイトハウスメンだとしたら馬鹿のようなセリフを筆者は1秒の逡巡なく完全に信ずるものである）、中東に空爆を仕掛ける、しかも、「任期最後の年の、弾劾の調査を前に実行した」という意味で、あの忌々しいビル・クリントンと、あくまで形式的には同じことをしたことになるのにも拘らず、古典的な意味での「戦争」を起こすよりも結局金のやりとりで全てを抑え込もうとする、つまり、カチコミやガンタレや、端的に交戦的な空爆でない空爆を成立させ、二重に非戦であることを示した実業家大統領トランプへの支持を更に強固にしたこと、並びに、軍人殺害目的の空爆、そして、中東の人々の宗教的なクリシェである「米国は我々の報復によって血塗られるだろう」といったスローガンの威圧を以てして、すわ戦争だ、とうとうトランプはやっちまった、やっぱりな。やっぱり世界は。と騒ぐ、イマジネーションが去勢され、怯えきった民が未だに存在するという痛ましい事実に対し、日々憐憫の涙に暮れていることをここに表明する。蕩尽理論を筆者は支持する。つまりこの世から戦争は無くならない。しかし、少なくとも20世紀型の、少なくとも中東戦争のトレーシングは行われない。トランプが就任している限り。そしてもし次に戦争が起きたら、人はそれを戦争と見做すまでの時間を要するであろう。明けましておめでとうございます(憐憫の涙を拳で拭いながら)。

追記2

本稿は、新型コロナウイルス騒動が始まる前に執筆され、掲載された翌日にドナルド・トランプの弾劾裁判が行われた。トランプは、ほぼほぼ無罪が確定するであろう裁判の最終弁論中、つまり審理の最中にツイッターをしていた。筆者の中学生並みの英語力で意訳すれば、「こんなもんでっち上げだ。民主党は左翼だ。左翼っていうのはデマを流しても流しても絶対満足しない奴らだ」

34　街中が彼女だらけになってしまった日に、彼女はいない　――2020年3月3日公開

今から、何度重ねるかわからない溜息とともに、むかし愛していたのに去ってしまった女性の話、をするので、当連載の中でも、かなりセンティメントな内容になるだろうからして、読者諸氏に於いては心してお読みいただきたい。

彼女は去ってしまったのに、今、街を埋め尽くしている。しかし今、この街を埋め尽くしている、筆者がむかし愛した、しかし筆者から去ってしまった彼女は、この街のどこにもいない。

それはさながら、リルケの詩と、マグリットの絵のマッシュアップ。

＊　＊　＊　＊　＊

MBS製作、TBS放送の「人間密着ドキュメンタリー」番組、『情熱大陸』は、「近代オリン

ピック」と非常によく似ている点がある。〈アスリートのバックヤードにも、テレビ局のカメラがドキュメントとして密着する〉ではない。〈『情熱大陸』というタイトル自体がオリンピックを暗喩しているかのようである〉でもない。

1998年から、実に22年の長きにわたって、ほとんど放送フォームを変えずに継続している『情熱大陸』と、1896年から、実に124年の、意外と短きにわたって、ゆっくりと、かつ大胆に大会内容を変化させながら継続している「近代オリンピック」。継続年数こそ6対1という大差がありながら（厳密には124÷22＝5.636363636363636363636363以下反復）、両者には強い相同性がある。

〈経済効果〉である。

一般語だとしても、〈経済効果〉というものに、プラス型とマイナス型があることは言うまでもないだろう。まさか……いや。世界にはまだトランプが非戦の大統領であることを認めない程の、「苛立つ愚者たちの黒い群れ（T・S・エリオット）」がいるのだからして、〈オリンピックさえすれば絶対に儲かる（プラス型の経済効果がある）〉という、前近代のユートピア論のような牧歌を奏でる牧童が、飢えたる市井の民の中には言うまでもなく、富みたる官公庁、上場企業のトップの中にも多数いたとしても全くおかしくない、という現状を見つめるに、千葉県マザー牧場での羊毛刈りアトラクション用の電気バリカンで、そいつら全員の頭を虎刈りに刈ってしまえ！

昭和の柔道部の学生のように!!　という、パンキッシュな衝動が抑えきれない。

そもそもオリンピックは博打である。直近のリオも、ロンドンも、ギリシャも負けた。ソウルは負けが込み、ＩＭＦの監査が入った。筆者は、英国のＥＵ離脱と、ロンドンオリンピックの、「これが英国式のブラックユーモア?・」としか言いようがない（経済破綻に近い状態で、ロンドン塔がモデルのマスコットキャラクターが大量に余り、トラックで運ばれて廃棄処分された）大赤字が無関係だとはとても思えない。

オリンピックが博打であると全員が認識するならば、世界はかなり良い賭場であろう。博徒は剃刀の刃の上で、一か八か、極限のクールとテンションを自らに課す。しかし、近代オリンピックという賭場に参加する者共の浅ましさ、愚かしさは、「博打さえすれば必ず儲かる」「したからには必ず勝つ」と思っている、という意味で、「結婚すれば必ず幸せになれる」「自分の劣等感さえ解消されれば必ず心は晴れる」と思っている者共と同程度に滑稽である。哀れかつ滑稽なので、いってみればチャップリンだ。虎刈りチャップリンである。

チャップリンはエグい。あらゆる意味で。赤狩りで合衆国を追われた1952年にはヘルシンキで、2度目のヘルシンキ大会が行われた。1度目は1940年。言うまでもなく、予定されていたが日中戦争の影響で中止になった東京大会の代替開催である。その後チャップリンが、合衆国に歓待とともに迎え入れられた1972年のミュンヘン大会では、近代オリンピック史上最も痛ましい選手村へのテロリズム（中東戦争の出張）があり、10人以上が銃撃戦で命を落とした。ヒューマニストであるチャップリンはどれほど胸を痛めただろうか？　筆者の推測では、さほど、或いは全く痛めていない。

閑話休題。こうした、チャップリンが創造したキャラクター同様、哀れかつ滑稽な者共の多くが「（まだ）情熱大陸に出ればプラスの経済効果がある」と信じて疑っていない可能性は低くはない筈だ。刈ってやるぞ頭をーっ!!

しかし、盗人にも五分だか三分だかの理というものがある。浜田真理子さんだけではない。近代オリンピックの開催が、必ずプラスの経済効果を生み出す。という発想根拠の中でも、かなり大きな素材が「1964年の東京大会によって、日本が世界を驚嘆させるほどの経済復興を遂げた」という事実であろう。この事実は、浜田真理子さんの事実同様、捏造でも間違いでもない。紛れもない真実である。

しかし、因果関係はいかほどであろうか？　当連載の初回に書いた通り、筆者は最年少（1歳）の観客として、1964年の東京大会を観戦している（プールへの飛び込み競技だけ↑女子バレーが満員で入れなかったので）。筆者を抱き上げた最初の外国人であり、最初のアスリートは、当時ソヴェート連邦共和国の飛び込みの選手である。そして、大変美しく優しく力強い彼女に高く持ち上げられた筆者は、はっきりと確信していた。「オリンピックのおかげでインフラが整い、国家的な開発事業が成功し、雇用はうなぎのぼり。然るに日本が復興した。のではない」と。「日本は放っておいても敗戦トラウマから復興したに決まっている。怨念にも似たエネルギーの渦が生んだ、復興という決定路線の上にオリンピックが引き込まれたのだ。でないと、〈オリンピックが開催されなかったら、日本は復興しなかった〉ということになるではないか。アホか？感動したがりの虎刈りチャップリンども」と。

そして、既にどなたでも同意されるであろう。少なくとも21世紀に入ってからは。とするが、博打に勝った国は非常に少ない。要するに、負けが込んでいる時に我が国は一世一代の賭場に立つのである。オリンピックに否定的な者は全員、様々な、それなりの根拠を持っている。しかし、「博打が嫌いだ。博打が怖い。博打を悪事である」と云った、博打への抵抗感が、あらゆる根拠を持つ、彼等全員の根底に共有されている。「博打は依存するほど大好きだが、このオリンピックには乗れない」という心性に移入するのは非常に難しい。博打をこよなく愛する筆者は毎日大変にワクワクしている。大負けの予感がするからである。

＊　＊　＊　＊　＊

言うまでもないが、本稿は、まだ正式名称も定まっていない、謎に満ちた新型ウイルスの感染拡大期に書かれている。トリキの客は泥酔の蛮行を行わない（蛮行はネットでするから）。安倍政権の長命は、小泉政権のトラウマに原因がある。トランプは戦争をしない。咳に対する拒絶は、医学的根拠に基づいて拒否権の獲得に至る。然して筆者は予想屋ではない。自分の考えを、人目を気にせずに思った通りに書いているだけだ。当たったか外れたか、そんなことはどうでも良いのだ。何せ金が動かない。

それよりも遥かに、当連載を執筆する筆者はエッセイストである。そして嗚呼、今回は詩人にすらならなければいけない。何故なら、『情熱大陸』は、近代オリンピックと同様「ここんとこ、負けが込んでいる」し、「近代オリンピック同様、初期には大勝ちが1~2回あり、愚かな博徒に夢を見せたままになっている」ことによって、一度恋が終わり、今、やっと忘れかけた、その終わった恋を、世界に、街に、ほら、思い出せよ、よく見てみろ。と見せつけているのだから。

＊　＊　＊　＊　＊

2005年7月3日、番組開始後8年目の夜のことを、筆者は一生忘れないだろう。丁度一年前の2004年7月4日には、まだインディーシーンの中でさえ知る人ぞ知る存在であった、シンガーの浜田真理子氏が出演し、オンエア翌日に、CDの注文が一日で20万枚に達した。という都市伝説があった。

そして、その夜は筆者が出演し、14年住んだ歌舞伎町のワンルームマンションで、ワンパーソンでオンエアを見ていた。PCのメーリングソフトは立ち上がりっぱなしになっていた（当時筆者は、インターネットでちょっと調べ物をする以外、PCを原稿の執筆と送信、メールのやり取りにしか使っていなかったので、ほぼ常に立ち上げていた）。

驚異的だったのは、テレビジョンの液晶モニターよりも、遥かにPCのモニター上である。番組が開始するや否や、「番組を観た。あなたに好感を持ったので応援する」旨のメールが届き、それは加速度的に増えていき、15分が経過する頃は、1分間に500通以上の着信が報告され、やがてそれはみるみるうちに600、700、と数字を増やしていった。

900を超えたあたりで「このままではPCが爆発する」という激しい恐怖に駆られた筆者は、PCを強制終了させ、テレビジョンも消し、室内灯も消して、夜の歌舞伎町へ出ていった。そして、「ここなら見つかるまい」という、錯乱しているとしか言いようのない安堵と共に、「航海屋」というラーメン屋に避難し、カウンターに腰掛けるや否や、向かいのカウンターに座っていた見知らぬ会社員に「あ！　あんたさっきテレビでとったジャズの人やろ！　カッコええなあ！　応援するわ！　頑張り!!」と満面の笑顔で言われ、危うく失禁するところだった。筆者には、一夜にして有名になり、全ての人々に好意を持たれること。への激しい恐怖がある。

そして、「『情熱大陸』があったから、今の自分があったか？」と問われれば、「東京オリンピックと同じですよ」としか言いようがない。15年が経ち、筆者の実演を聴きに来る聴衆のほとんどが、あの『情熱大陸』を観ていないし、あの『情熱大陸』を観て、筆者に興奮してエールを送った人々の90％以上が、現在、筆者の実演を聴きには来ていないか、筆者の存在すら忘れているだろう。

＊　＊　＊　＊　＊

イスラム教徒の女性がニカブというヴェール（一般に知られる「ヒジャーブ」は髪や首を隠すためのもの。マスク状のヴェールがニカブ）で、目以外を全て隠す習慣に、少年期から性的な興奮を抱いていた筆者は、彼女の、モダンアートと言うに全く躊躇がない、驚異的な技術力とコンセプトに圧倒され、たちまちファンになった。鼻と口さえ隠せば、誰にだってなれる。夢でデートもした。ヴェールを着けたままのセックスも夢想した。勿論、全裸で互いの性器を結合させている最中も、ヴェールは絶対に取らない。筆者は、驚異的なスキルを持った女性に良性の転移を起こし（＝恋をし）、互いに激しく傷つけあうことへの恐怖がある。神経症の症状であろう。そして恐怖が大いなる官能であることはどなたもご存知であってほしい。筆者は自らの顔を持たぬ彼女を愛していた。

筆者の一方的で在り来りな性愛を尻目に、現代の魔法使いのひとりであった彼女は、アンチがほとんどいない、という奇跡の数年間を過ごし、やがて『情熱大陸』への出演が決まった。

2014年の7月13日である。「奇しくも9年後の7月」と言うのはナルシシズムの暴走であろう。何れにせよ、既に『情熱大陸』は、予め博打であった、と言う当たり前の事実を露呈しており、特にSNSという魔女狩りの装置が一般化してからは「（火傷せず）トントンならラッキー」というほどのリスキーな博打になっていた。

そして彼女は、一世一代の大博打に出た。魔法のヴェール、正しくはコンビニで売っているマスク、をこの番組で、とうとう外したのである。露出への嘆願と、露出しないことへの嘆願は、果たしてどちらが切実なのだろう。

固唾を呑む。というのは、ああいう瞬間であろう。それは、脱衣を見るよりも遥かに、フェティッシュでエロティークで、スペクタクルですらあった。既に6年前の話である。

＊　＊　＊　＊　＊

その後、彼女の人生がどう変わったかについては、ロマンティークとセンティメントのみによって記述を駆動させていただきたい。即ち、彼女は（検索でどこまでも追いかける。という行動を日常的にしない）筆者の前から去ってしまった。人生にはミッシングパースンの3人や4人はいた方が豊かで自然だ。しかし、シンプルに言えば、彼女は取らない方が良かったと思う。つまりこういうことだ。探さないよざわちん。今でも愛してる。でも、君は間違ってた。

＊　＊　＊　＊　＊

WHOのトップがテレビに出演し、サーズだかマーズだかがステージ5から6へ移行しただの、パンデミックがどうのと、大いに恐怖を煽ったのが何年前だかは覚えていない。理由は兎も角、我が国は甚大な被害が出なかったし、世界的にも、警告されるようなパンデミックは起こらなかった。あの一件が遺した最大の効果は、「映画で、国連クラスの組織のトップに、有色人種の女性がキャスティングされるようになったこと」であろう。

あれから何年が過ぎただろうか。嫌咳権どころのリージョンではなくなった世界は、前の東京オリンピックの次ぐらいに懐かしい、「オイルショックの時の、大阪府の主婦の狂態（トレペの買い占め）」の、リアル全国版の様相を呈している。マスクがなくなり、紙オムツがなくなり、これを書いている最中に、とうとうトレペまでなくなった。40年前のあれはヤラセである。カットが割ってあったし、カメラは下なめで、「オカン達の爆走」を効果的に見せるように位置していた。

エッセイストとして、この事態をどう書けば良いのか。言うまでもない、書かないのが一番スマートなのである。ヒステリーを求める民は、マスクがそもそも、あらゆる微生物をブロックする予防用グッズだという（マスクがブロックできるのは花粉症だけである）、ひと言クソセコいとしか言いようがない考えをそのうち改めるだろう。我々はまず、マスクを外すべきだし、ついでに副流煙を吸ってみるべきだ。「〈クレームは、病気になってからでは遅い〉等ということはない。クレームこそが病気なのだ」等というウィズダムは、そのうち必要もなくなる。「恫喝を仕掛けてくる相手に、恐怖と怒りを返すのは、太陽に向かって鏡をかざすような行為、とまでは言わないが、チンピラに突っかかってゆくような行為、即ち思う壺だ」というウィズダムも。

筆者が、他にいくらもネタがあるというのに、こんなベタなネタで、残り少ない（もしオリンピックが中止、もしくは延期になっても、連載は予定通り終了する）1回分を埋めるのは正直心苦しい。しかし、昭和43年から重症花粉症（そんな名称すらなかった）だった筆者にとって、マスクが手に入らない日々は結構な憂鬱で、それは、何度重ねるかわからない溜息とともに、むかし愛していたのに去ってしまった女性の話をするから、という言い訳と癒着している。

筆者は今、マスクなしでマンションのベランダに立ち、通りを見下ろして何度も溜息をついている。何が経済効果だ。何がコストパフォーマンスだ。何がエビデンスだ。何がポイント10倍だ。筆者は、近代オリンピックを『情熱大陸』だと思うように、科学は宗教だと思っている。その時信じられていた科学は、必ず後に覆されるからだ。つまり、何が科学だ。経済も宗教である。あれが理論的なら、恐慌は予測できる筈だ。つまり、何が経済だ。大負けすれば良いのだ。街中がざわちんになってしまった日に。

35 問題は〈誰が〉ではない。〈なんで〉だ！ なんの話かって？ ケツを拭く話に決まってるだろうが

――２０２０年４月２日公開

言うまでもないが、これはわが国古来の慣用表現であり、「(本来なら誰々が負うべき) 責任を代わりにとる」を意味し、発展型変形として「ケツ持ち」(誰々の責任を取る者が、レギュラー的に決定している、その肩書き)、等も持つ、いわゆる「(誰々の) 尻拭いをする」という、実に典雅な言葉についてでは、残念ながらない。換喩という経路を通さない、極めて具体的な、つまり「排泄時後の、肛門とその周辺粘膜に付着した残存排泄物の、主に払拭型除去」についてである。判決文のように回りくどいのは、何を書いても平然と掲載されてきた当連載の、唯一行われた検閲が「腸管内視鏡とスマートフォン」に関する、排泄を扱った回だったという統計結果による慎重さであるとご理解頂きたい。

いきなり話が逸れるが、米語表現で「ケツ」を使うのは、筆者の小学童並みの英語力では、一般語から、かなり悪どいスラングまで含め「KICK ASS (イケてる)」や「KICK YOUR ASS (ぶっ飛ばすぞ)」のように、「蹴る」、乃至「ASS KISSING」や「KIS

ＳＡＳＳ（共に「おべっかを使う」「いいなりになる」）」のように「接吻する」としか結びつかない。米語というのはこうして、実に典雅さに欠ける卑俗な言語であると言えるだろう。

わが国では「拭く」べき物を、あろうことか合衆国では蹴ったり舐めたりするのだ。アメリカでは素敵な花瓶や眼鏡、或いは廊下など、本来ならば拭くべき対象を蹴ったり舐めたりするのだろうか？　確かにしそうである。一方、「誰々の尻を拭う」を逐語訳するならば、もっともシンプルなものは「wipe up someone's mess」となるのではないか？　ここでの「mess」とは、実は何方もご存知の「メッセージ」と繋がっているのだが、元々は、家畜の餌皿のことで、何故、家畜の餌皿が「メッセージ」と「残存排泄物」とエチモロジック（語源学）的に繋がり、更には英語で「ＷＥＴ ＆ ＭＥＳＳＹ」と言われる、世界のフェティシズムの中でも、ＳＭに次いで嗜好する人口が多いとされる、残飯で体を汚すなどして……いけない、食直後なので吐き気がしてきた。自分で振っておいて申し訳ないが止める（因みに、メッシーファンの人々の中でも、残飯やそのものズバリ食品を使うサイドは「フード系」とされ、絵具や泥など、非食品を使うサイドとは厳格に区分されています）。

と、そんな、和風の典雅さに著しく欠ける米語を更に使うならば、今回のタイトルは「問題は〈who〉ではない。what to use（もしくはby use）だ！　なんの話だって？　wipe assの話に決まってるだろうが」となり、食直後なので、午後の授業をしている英語教師（中学童1〜2年生対象）

のような気分に変わってきた。

はーい、だからね先生は、お弁当食べたばっかりだからね、なるべく吐かないように授業、続けますがー、先生がここ数日、お尻を拭くのにー、主にー、何を、使っているか、あそうだ思い出した、えーとですね、えー授業をー英語からちょっと逸れてー、えー、これから社会科と日本史の話にしまーす（板書を消す）。

ええとですね、1973年、昭和だと48年だ。先生、丁度10歳、ねー。小学校4年でしたがー、（板書しながら）「第一次オイルショック」という出来事があった。これがね、（追加板書しながら）「トイレットペーパー騒動」というのを、（板書を赤に換えて、力強く）「大阪で！！！」引き起こした。うーん。懐かしいね。先生いま懐かしいんだ。わかるかな？　わからないだろうね。うん。わからない方がいい。君達に、こんな気分が理解できる大人になってもらいたくない。一教育者としてね。

とまれ、である。あれは
1）まだSNS等々の情報網がなく、マスメディアの王はテレビであった時代に
2）全国的に広がった、とはいえ
3）大阪府内の、特定のスーパーマーケットで撮影された
4）ヤラセ映像がデマゴーグの素材となった（カットが割られており、「おかんの大群の突入」

を効果的に見せるカメラ位置も練られていた）

5）マス・ヒステリー的な現象で、社会／経済的な被害はほとんどなかったし、トレペは約4カ月で正常な流通量に戻った。

という、昨今の、腹の底からズシンとくる、世相のファッキンシットさと比べれば、牧歌的（英語では主に「パストラル」。筆者の知る限り、音楽を巡る言説の中では「イディリック」と言われることが多い）と言うに吝かではない珍事である。

それにしても、流言飛語を文字通り飛び交わせ、人々を不安に陥らせることを、性的な喜び、もしくは社会的責務であるとする変態は世に尽きず、1973年当時、筆者の記憶では（第四次中東戦争の影響により）産油国による原油価格の70％アップという原因を、トイレットペーパーが市場から無くなる、という結果に結びつけようとした挙句、「トレペの原料に〈ナフサ〉という物があり、これは原油の加工品であるので」という図式を、なんかパネルみたいな奴を出しながら滔々と説明していた学者がいた。今で言うエビデンス主義である。当時は「公害」が流行語となる暗い時代で、いい加減で適当でウソばっかりの、そして物凄く恐ろしいエビデンスが、文字通り、一切の検閲なくテレビでバンバン流れ、飛び交っていた。

ナフサは確かに原油由来の物質であるが、一体どうやったらトレペの製造に組み込めるのか、幼き筆者は全くわからなかったし、年老いた筆者は更にわからない。「吸わせるテンプル」「固めるテンプル」みたいな感じなのだろうか？　因みに両テンプルの「テンプル」は、「寺院／神殿／こめかみの急所」ではなく、「天ぷら」から来ているのは絶対に間違いない（無調査）。

恐らく、だが、高い確率で「専門用語を出せば、主婦なんかはみんな騙される」と思っていたのだろう。立ち上がれミートゥー！　なめられたぞ!!　え？　どこを？　頭だよ頭!!　え？　だったらナデナデされる方がいい？　お前ら落語の与太郎かよ（笑）！　ミートゥーって、そこそこな若い美人がセクハラされるだけの話？　全然違うでしょ？　もしくは「単にテレビで〈ナフサ〉と言いたかっただけ」と言う方が遥かに正しい気がするが、両者は似たようなものだ。

フロイドでいう事故拡大衝動、間違えた。「自己拡大衝動」であろう。ビクビクしている自分の情けなさを消すために、他者を怯えさせて満足を得る、という極めて在り来りなバカ共とともに、「吸わせるテンプル」が、微笑ましく商品名として流通するイディリックでパストラルな社会に於いて（まあ、当時は家庭用の廃油処理商品など開発されていなかったが）、ムチャクチャ正直に言って、当時から楽しい記憶であった。だが今はあんま楽しくない。厳密に文学的に言うならば、かなり楽しく、そしてかなりファックだ。顔は呵々大笑。しかしながら唾棄は激しく。

筆者がSNSにアンチの立場を標榜するのは、当連載の読者諸氏に於いては周知であろう。そして、アンチとは有害さに対してだけでなく、無能さに対する態度でもある。

何故また、何故またしてもトレペが商品棚から消えるのか。民は掌中に、素晴らしい検索キットと莫大な情報網を持ち、昭和の愚衆のごとき過ちなど犯すはずがなかったのではないか？　スマホを持っている全ての民に告ぐ。お前らは愚痴や惚気や告知を垂れ流すだけのバカか？　貴君らが筆者のアンチテーゼを忌々しく思うのであらば、トレペを大量購入して安心している愚者を検索とソーシャル・ネットワーク・サーヴィスによって呼びかけ、探し出し、吊るし上げることなく、集団で懇々と説得し、速やかに止めさせるがいい。そんなことも出来ないソーシャルってどんなソーシャル？　どんなソーシャルなネットワークの、どんなサーヴィスなのかね？

それは、こんなソーシャルなのである。政府に対して「誰がこの問題のケツ拭くんだよ」と詰問するどころか、自分のケツは自分で拭けと命じられ、あまつさえ、自分のケツを一体なんで拭いたモンか、このまま行くと実直な問題として突き付けられる、そんなソーシャルなのでソーシャル!!

筆者は最初、大量に余っていた「金鳥　サッサ」を使っていたが、筆者の粘膜のデリカシーは、金鳥サッサをして、僅か数回の使用で、ナイロン垢擦りか紙ヤスリであるかの如き使用感に悲鳴をあげてしまい、現在はライフリー社の製品である、老人用紙オムツをちぎって使っている。そのうち、ウォシュレットによって洗浄したのち、歴代フジロックフェスティバル出演時に出演者に配布されたタオルを使って拭き取り、それを手洗いするか、1回使ったら廃棄するかするようになるであろう。世界に冠たる清潔国家のデオドラントテクノロジー、その象徴であるウォシュレットと、長い布や紐を使用していた未開社会、そして、ウッドストック以来、観客数に対するトイレ数の少なさが構造的問題と化している、世界でも有数の屋外フェスという三者の、奇跡の、或いは因果に満ち満ちた融合なのである。

完全に禁止されるまで、筆者は街を歩く。「近代日本」というバンドの1stアルバムはA面が明治、B面が大正、先日やっと聴き終えた2ndアルバムがA面昭和、B面が平成。そして現在は3rdアルバムがプレイヤーに乗ったところである。音楽マニア諸氏であれば、3rdアルバムの重要性と危険性を何方もご存知の筈だ。レッド・ツェッペリンだったら『レッド・ツェッペリンⅢ』、ザ・ビートルズであれば『ビートルズがやって来るヤァ！ヤァ！ヤァ！（映画のサントラ）』、クイーンであれば『シアー・ハート・アタック』、宇多田ヒカルであれば『DEEP RIVER』、イエロー・マジック・オーケストラであれば『増殖』、井上陽水が『氷の世界』である。いかに3rdアルバムというアイテムの属性が重要かつ危険なものであるか、類例は1000や2000では済まされない。

その、重要で危険極まりない3rdアルバムA面の街を、筆者は歩く。2ndアルバムの、しかもA面までしか知らない、つまり昭和の三文文士とすれ違う。イディリックな彼は脇がガラガラなので、左翼系の出版社や新聞の連載でこう書いてしまうであろう。「大衆は、まるで喪に服すか、戒厳令下に置かれているようだ」と。そしてこう続けるのだ「上皇のご判断が間違っていたとは思わない。しかし、国民は、喪の作業なく元号が変わることに、集団的な不全感を持っている。そして、戒厳令が布かれるのと、喪に服するのとで、どちらかを選べと言われれば、喪に服する方ではないか」と。そして更に、彼は口を滑らせてしまうのである。「志村けん氏の死は、そうした国民の不全感をまとめて抱き受け、この暗い社会へ、一条の光と安堵を与えた。黒澤が映画の天皇であるならば、氏こそが正に、お笑い界の天皇と言えるであろう」と。そして右翼系のメディアから殺害宣言などを受け、グダグダになるのである。

都知事も首相も、言外に&明白に「自分のケツは自分で拭け」と言いながら、都知事は一方で、間違いなくこう発言した。「志村けんさんが我々にコロナの恐ろしさを教えてくれた」「最後の素晴らしい仕事だった」。誰かあの厚化粧（©石原軍団。わざと間違えた！）の口を、筆者がケツを拭いた老人用オムツで塞いでしまえ！　いや待て、都政であろうと政治に携わる者をインターネット上で口汚く批判するなど、SNS使用者レヴェルではないか。

拝啓、小池先生。このままじっくり待っていれば、ギャーギャーうるさい国民もやがて音を上げ、上げると共に、先生方への支持率も上げざるを得なくなるでしょう。この状態からは、命知らずのアナキストも、正常に機能する左翼や政敵も、おそらく現れない。それは架空のヒーロー、もしくはSNS上に無限に分散する、声なき、根性もなき、実名すらなき憂国の士という烏合の衆です。ですので、煮込みの仕上がりをお待ちであるのは承知の上で、余計なことを申し上げます。

これから、公式の席でコロナウイルス19年型の感染抑止についてお話になられる時、以下のような内容をお話になる局面があるはずです。「都民の皆さん、くしゃみや咳をする時は、手のひらではなく、肘を曲げて口を塞ぐようにする〈忍者のポーズ〉の習慣はついてますか?」

この時、今後は以下のように言い換えをご提案します。一切のイクスキューズは要りません。笑顔も要りません。ただ真顔で、ノーモーションで、可能な限りシリアスなトーンでこう仰ってください。

「都民の皆さん、感染の抑止は、この国難に際しての国民一人ひとりの義務とも言える重要事です。一人ひとりが、既に感染者である、という自覚の下、人前でくしゃみや咳をする時は、手のひらではなく、アイーンの形で唾液が飛ぶのを押さえましょう。こうして(やって見せる。顔はやらない)アイーンのポーズで感染を防ぐよう、習慣をつけてください。それが我々日本国民を、ひいては世界を救う道である、という自覚と誇りを、どうかお忘れなく」

これが、不安に慄いて気付かれてもいない、都知事が犯した最低最悪の舌禍をロンダリングする唯一の方法なのです。

筆者は世代的にはザ・ドリフターズ世代であるが、親の因果が子に報い、サブカル的な捻れによって、クラスでただひとりのハナ肇とクレージーキャッツ世代になった。故人の偉大さは、むしろザ・ドリフターズが解散してからの、「凄い喜劇人っていうのはやっぱり女にモテそうだよなあ」と心から感服する、ダンディな独身貴族としての芸風と色男ぶりである。自分のギャグを、年齢を問わぬ一般人、女子アイドル、男女俳優にまで一度はやらせたという意味で、統計を取れば恐らく記録を達成しているであろう、偉大なる故人の死をコロナ如きとニコイチで語っては絶対にならない。クレージー派ジャズメンである私でさえ、アイーンはやった。ガチョーンの時とも、コマネチの時とも違う、あの「アイーン」をする時だけの唯一無二の、あの気持ちで。誰に命されなくとも私は私のケツを自分で拭く。志村けん氏の御逝去に際し、心より哀悼の意を捧げます。

36
「今日のニューヨークは明日の東京だ」とか抜かしやがったコケ脅し野郎。ただ謝るだけじゃ済まねえぞ、アイーンしながら「スンマセンでした。アイーン」という動画を上げない限り、地獄の底まで追いかけてやる
〜『もし地球が100人の村だったら』再び〜

——未掲載分／2020年6月1日脱稿

先ずは何よりも先に、先月分を告知なく休載したことを謝罪したい。当連載が、〈二度目のオリンピックは禍でしかないと確信している筆者が、禍が訪れる前までに、言いたいことを書き逃げしてしまう〉というコンセプトに基づいていることは、愛読者の皆様ならご存知であろう。然して、連載終了直前に於いての休載経緯は愚直なまでにシンプルで、「何を書いて良いのかわからないほど社会に苛立ってしまい、締め切り当日まで、一文字も文字が書けなかった」というものである。あまりに苛立つと、一文字も入力出来なくなることを筆者は遅まきながら知った。プロのエッセイストとしては失格であろう。

先に書いておくが、社会に苛立ったと言っても、安倍政権が悪い等という、凡愚も凡愚なそれではない（安倍政権を支持している訳でもなんでもないが）。現在、SNSその他で、安倍政権を批

判することほど無価値で凡愚で、危険ですらあることはない。安倍晋三はどこからどう見ても全体主義社会のリーダーにはなり得ない。後述するが、ファシズムはまず国民が鍋に火を入れ、煮込み始め、カリスマが煮込み具合を確認するものである。私感では、煮込みはとうに終わり、火は止められている。自粛警察初出動の遥か以前、筆者の火加減判断では「やよい軒の〈ご飯お代わり無料制度〉を利用しない客が、お代わりをする客達に〈お代わり代〉を支払わせるように、やよい軒に圧力をかけた時」から、既に鍋はグラグラに湯気を吹き上げていた。

失語症のようになった筆者がまず向かったのは、水道橋にある格闘技ショップである。そこでボクシンググローブとミットを購入した。筆者の得意は利き腕の左フックである。止せばいいのに、57にもなって、ミットを思いっきり鳴らしながら、愛読者（この恐ろしきSNS時代に於いては、20世紀の言葉である「愛読者」だけでなく「憎読者」「嫌読者」「怨読者」等々の存在も設定するのが賢明であろうが）の皆様、そして長い付き合いの編集者である小谷氏、並びに当サイトの運営であるコンデナスト・ジャパン、パートナーである森ビル株式会社に対し、（いやあ……申し訳ないね……腹たってね……）と心中で唱えながら、ミットの角が破損するほど無言で左フックを打ち続けた。

そして、来年はいよいよオリンピックイヤーである。筆者はこうして、学童時代からの逃げ足の速さからか、〈書き逃げ〉のタイムを、予定よりも11カ月早く更新した。レースは3年間設定だったが、コレは間違いなく世界記録であろう。

あらゆる受賞から無冠でありながら、数多の世界記録保持者である（米国「インパルス！」レーベルの、非在米アジア人として初めて契約を交わしたこと。高級ジャズクラブ「Blue Note」への出演者として、唯一、AMラジオで天気予報を読み、交通情報を読むアナウンサーと共演したこと、このリモート時代に12年先駆け、「ジャズミュージシャンを、一箇所に集めず、バラバラの状態で演奏させ——お互いの演奏も聴かせずに——、それを編集した擬似合奏作品を世界で初めて発表したこと、『ミュージックマガジン』誌との絶縁者の中で、唯一「自分の特集号が発売される直前に、一方的な絶縁を宣言した」こと、等々、こうして書いていても自らを圧倒しかねないほどの世界記録たちは、全て音楽に関することである）筆者としては「ああ、またか」と一苦笑に付すだけのこととはいえ、「予定よりも11カ月早くゴール」という言葉自体の迫力は飲んでも飲んでもまだ足りぬであろう苦汁に、蜃気楼のように幽け き甘さを与えるものである。

*　　*　　*　　*　　*

非常に多くの読者を持つであろう、『世界がもし１００人の村だったら』は、著者の存在が曖昧であるという意味で、「現代の伝承物」とするのも可能であろう。特に悪意ある裏読みが好きではないと自認している筆者でさえも「関係者が内容の責任を取りたがらないで押し付けあった結果」ではないか？　と勘ぐってしまうのを止められないほど、柔らかい文字面に反して、メッセージはエゲつないほど強烈に叩きつけられ、あまつさえ、それに異議を唱える者は、このエビデンス社会に於いても皆無だと思われる制圧力がある。

それは、前述の通り、これが一個人の文責を基本的に持たない、現代の伝承テキストであり、あたかも童話であるかのような感覚を与えるから、という効果もあるだろうが、読む者をして「細かい数値なんかどうだって良い、実際に世界にはこういった、平均化など不可能な、絶望的な格差構造があることは紛れもない事実だ」と思わせるに至る、強いコンセンサスがあるからであろう。

筆者は紙の書籍と言わず、メディアでの紹介と言わず、この伝承について、一切の情報を持っていない。ので推測になるが、〈もし世界が１００人の村だったら、富たる者は2人か3人に過ぎず、97人の貧たる者たちが、その2～3人の豊かすぎる生活を、自らの貧困によって支えている〉といったような、まるで、宗教世界の階級の如き実情を示しているに違いない。

そして我々は、こうした、読まずとも意味がわかるほどの共有的な内容を持つ伝承について、日々、目の当たりにはしない。朝、スマホのスイッチ（?）を入れると、どこかの国の貧民窟の状況が写真とテキストで報告され、それが延々と延々と延々と続くと、月に一度ほど、ドバイで、まるでヒップホップのMVのような、シャンパンとでかいバブルバスと水着姿の美女の大群に彩られた、ゴージャスでリッチでセクシーな暮らしをしている産油成金の姿が映り、それが一瞬でガザ地区の惨状に変わると、次には、南米のどこかにある、不潔の極限である古い刑務所に、犯罪者が規定収容数の数倍収監されている写真に変わり、それから名も知れぬ国の、目を覆いたくなるようなゲトーの現状がリアルタイムで知らされると……ということを、端的に我々はしない。

何故だろうか？　ゲトーや内戦地区の惨状を一日中見続けることで、「自分の生活水準を嘆くなんて、愚かだった。下には下がいる」と安心しながら良心の呵責を感じ、良心の呵責による最大のギフトである、自分が善人にでもなった気分、が用意されているというのに。〈ゴージャス過ぎる暮らし〉が与える、多少の「こんちくしょう」という気分など、一撃で撃破し、光速で超える移入でもって、うっとりするような官能を与えてくれる効果が約束されているというのに。どっちに転ぼうと、我々は傷つかないどころか、ベクトルこそ正反対であれ、良い気分になる効果が１００％約束されているというのに。

理由は、耐えられないからである。我々は格差の存在を日常的に、常時、「ほら、ほら、よく見てみろ。これがリアルだ」と、目の前に突き出されるのを耐えられない。世界がもし100人の村だったりなんかしたら、身も凍るような気分になるのである。そしてそれは、お正月のように、年に一度経験できれば充分な強度を持っている。「世界には、目を背けたくなるほどの貧富の格差が生じていて、もう元には――少なくとも、人類の尽力によっては――戻せない」という事実は、一個人の認識の中では、凡そ、「いつか自分は必ず死ぬ」と同じリージョンに格納されており、年に一度か二度身に沁みるのが丁度良いのである。

それで良いのである。それで良い。それが人智というものであり、無意識の労働というものだ。我々は、自分でも充分知っている事実にすら、真正面から向き合うことが出来ない、脆弱極まりない生き物なのである。

今、正に人智と書いたが、改めて考えて頂きたい、もし地球が100人の村だったとしよう。そこには「3人の利口を、97人の馬鹿が支えている」という、利口と馬鹿の格差の、まるで宗教世界のような格差がある。世界には、目を背けたくなるほどの利口とバカの格差が生じていて、もう元には――少なくとも、人類の尽力によっては――戻せないのである。

そして、それを、その厳たる事実を、日常的に常時、目の当たりにさせている装置が、言うまでもなくSNSである。人類は今、本来ならば「自分はいつか必ず死ぬ」と言う事実と同じリージョンに格納しておかないと、発狂しかねないほどの別の強烈な事実を、日常的に常時見つめ続

「今日のニューヨークは明日の東京だ」とか抜かしやがったコケ脅し野郎。ただ謝るだけじゃ済まねえぞ、アイーンしながら「スンマセンでした。アイーン」という動画を上げない限り、地獄の底まで追いかけてやる　〜『もし地球が100人の村だったら』再び〜

けている、という、こうして入力していても震えがくるほどの辛苦を「発信の自由」という。出典が日本国憲法の人権の定義なのか、もっと根源的なものなのかは定かではないが、まるで民間伝承のように、誰にも文句が言えない装置とどこかですり替え、自己に対して拷問を続ける毎日なのである。

この、無意識的な狡猾さによる〈すり替え〉さえなければ、民は自らへの拷問からエスケープするか、健康的な順応が可能であろう。しかしすり替えによって、それはまるでトラウマのようにして、「自分が何故イライラしているのかわからない」まま、格差の実情を見つめ、あまつさえ依存して止められなくなっているのである。自我と環境を激しく汚染させ、自虐のごとく痛めつけながら順応するしかない。富たる者は、貧民の家の水を飲めないであろう。飲んだら下痢をするかもしれない。SNS依存自家中毒患者の肥溜めは、下痢便が、腸内的な順応によって普通の便になった状態の肥溜めではない。毎日の下痢は止まらない。

ちょっと前に、ニューヨーク市と東京都の面積と人口密度だけをソースに、「今日のニューヨークは明日の東京だ」というコケ脅しで、多くの真面目なバカ共を震え上がらせ、性的快感に浸ったクソ野郎がいた。これこそ貧者の、偽の贅沢以外のなんであろうか？　泥で作ったショコラムースの類である。しかも、すり替えによって、自分が貧困者だとは露とも思っていないクソ野郎のそれは、ゲトーの子供が作らざるを得なかった、泥でできたショコラムースの、胸を裂くような切なさも、自分ではどうにもできないという無力感によってより力を増す、世界に対する正義感も引き起こさない。恐るべきことに、知的判断によって脅かされているのである。

　アメリカ合衆国が、先進国の中で最も疫病に弱い国家であることは、一度でもアメリカに行き、一度でも今回のような疫病の世界的蔓延をイマジネイトした者であるならば、自明と錯覚するほどのファクトである。多数の移民や有色人種の人口比率をベースにした、途方もない経済格差に比して、国民病としての重症の肥満がもたらす、あらゆる致命的疾患の慢性化と、保険制度の劣悪さは、恐るべきことに等しく平等なのである。特にニューヨーク州に限定するならば、緯度的には函館市に近く、つまり寒冷で、しかも乾燥している。「今日のニューヨークは明日の札幌だ」としても、まだバカもバカだが、東京は論外である。

　この誤謬はどこから来るのか？　自分をリベラリストだとでも思い込んだバカの浅知恵が、東京とニューヨークを、おそらく、だが「同じ先進国の文化都市」と云うレヴェルで、同一性でむすび、調べてみたら広さと人口がほぼ一緒だったことに、鬼の首を取ってしまったのである。こんな愚行が平然と「発信」される自由が、果たして必要だろうか？　疫病を広めたり抑制したりするのは人口密度や文化程度ではない。そこに住む人々の、既往症の平均値や、そもそもの体質と、更にはその区域の、ウイルス、人間双方にとっての自然環境、生活習慣が第一であろう。人口密度と文化的状況だけで出せる計測値で評価するならば、今のジャカルタは12時間後の東京である。バカのリベラルほど手に負えぬ物はない。

ドイツには「盲者が盲者の手を引くと、ドブに落ちる」という古い格言がある。我が国には「気狂いに刃物」という素晴らしい教えがある。現在は、気狂いが皆刃物を持って、俺の手を引く方に集えと叫びながら、全員がドブに落ちているような社会である。

3・11の時に佃煮にして売るほど出現した御用学者。彼らの対偶にある、市井の危機意識啓蒙者、中でも、現役の医師が、手製のボード資料を使って、「2015年までに、福島の学童のほとんどが喉頭癌に罹患するので、自分は今から整形外科と連携を組もうと思っている（「チェルノブイリ・ネックレス」をなるべく見えないように美容整形するため）」と連呼し、多くの母親達をノイローゼ状態に陥れた「恐怖を煽る快楽に侵された変態」達。諸君ら全員に命じる。どうせ土下座して謝ったりはしまい。ただ、逃げおおせることは出来ない。この連載が終わってもだ。早ければ早い方が良い。筆者が諸君らの玄関をノックするまでの間に、「アタシがまちがってました。ごめんなさい。アイーン」という、東北弁風のアクセントと裏声を混ぜたコメントとあのムーブを直ちにSNSにアップし給え。出来ないだろう。諸君らはシリアスな人物だからな。人類は、恐怖に駆られている時、それがシリアスだと自動的に判断する。感情が連動的に結着するのである。

アイソレーションはダンスの用語で、首を振る時に肩が動かないように、腰を動かす時に膝がついてこないように、人体の各パーツの連動を絶って、単独化させるベーシックスキルである。アイソレーションが出来ない者は、踊れるものも踊れないのである。多くの者が恐怖に駆られた時、多くの者はそれがシリアスな問題だと過剰に評価して疑わない。お化け屋敷と疫病を一緒にするつもりはない。しかし、お化け屋敷がどれほど、腰を抜かして涙を流すほど怖かろうと、シリアスさは存在しない。しかしそして、やっと出口に辿り着いた、恐れおののく者は、あたかもシリアスな問題を経験したようなシリアスさで、笑っている同行者を真剣な顔で怒鳴り、叩いたりする。

あらゆる感情を、一度分節しないといけない。ただ怖いだけ、ただ苛立っているだけの者共が、シリアスな問題を扱っていると信じきっている時、その状態こそが、ファシズムの鍋が煮えている状態に他ならず、あとはそれを取り分けて皿に盛るカリスマが入れば、ディナーは始まるのである。そしてその後には、全身の人智が繋がって硬直し、踊るものも踊れなくなった民たちによる、行進するだけのダンスタイムが待っている。強い恐怖に駆られるのも、終わらない苛立ちに襲われるのも、人類の自業自得である。我々に最後の知性があるとすれば、ある感情とある感情を、まずは一度、引き剝がすことに他ならない。アイーン。

＊　＊　＊　＊　＊

というわけで、次回はひと月遅れの最終回となるので、筆者が、そもそも石原都政時代の招致合戦の開戦時（対ブラジル戦）以前から匂わせていた（「歌舞伎町の浄化」「三国人の追放」をスローガンとしていた）、「二度目の東京オリンピックへの色気」に、予感として全く乗れなかった、どころか、凄まじい厄災の予感が強すぎて恐ろしいほどだったこと、その証拠の品々（公式に出したコメント、エッセイ、歌の歌詞、ラップのリリック等）を羅列して終了すると決めているので、散文であるエッセイとしては今回が最後となる。先に告げてしまうことが許されるのであれば、長きに渡るご愛読に心から感謝したい。この3年で、筆者は、幾度か激しい批判（SNSをやっていないので「炎上」とは、敢えて言わないが）を受け、あまつさえ幾つかの絶交をも言い渡されている。趣旨に賛同してくれた（それは「なんだこいつ、キ○ガイだ。あはははははは」という良性の嘲笑までを含んでいる）読者だけが筆者に書き続けるエネルギーを与えてくれたことは言うまでもない。

37 次の東京オリンピックは、いつだと思いますか？　また、いつが良いと思いますか？　あなたは不易さん？　それとも流行さん？／2度の休載を経た最終回がもたらす安堵について

――2020年7月22日公開

まず何より、2連続で休載したことをお詫びしたい。最初の休載（前々回。執筆時――コロナ禍が騒がれ出した時期）は筆者から申し出たもので、「今、エッセイストとして何かを書く気力を完全に失ったので、休ませてほしい。その代わりに、予定されていた最終回1回前と最終回は必ず書くので、その2回分をひと月後ろにズラさせてほしい。そうしたところで、タイトルにある〈東京オリンピックが来てしまう前に〉という理念は守られるし」と申告したところ、快諾を受けた。言わばギヴアップである。お恥ずかしい。

そこで1回分を自主的に休載し、前回（執筆時――緊急非常事態宣言が解除される直前）の原稿を送信したところ、今度は3年間にわたる当連載史上初めて、「掲載不可」の措置が採られた。言わばコーション＆ディサプルーヴァルである。

自分の原稿が――いかなる理由があるにせよ――掲載出来ないと判断されて、腹を立てぬエッ

セイストは居ないだろう。しかし、筆者は、これは諧謔でも嘘でも皮肉でもなんでもなく、単なる本心で、全く腹を立てていないし、あらゆるネガティヴィティも抱いていない。

当連載は——中後期の2年間は特に——意図的にオフェンシヴかつアグレッシヴに書いており、正直「よくもまあこんな原稿が、こんなビッグカンパニーのウェブサイトに掲載されたもんだ」という、感謝と痛快さを毎回味わっており、つまり、いつ掲載NGの措置が採られても全くおかしくない。というアティテュードならびにトーン&マナーでいた上に、何せ時期が時期であり、何を書いても、気を遣おうと遣うまいと、ありとあらゆる公式な発言は全て雁字搦めに張り巡らされすぎたコンプライアンスの蜘蛛の糸に引っ掛かってしまうのは自明のようでさえあった。

因みに、タイトルだけ掲載しておく。そして、この原稿は「幻の休載回」にはならない。お陰さまを以て、としか言いようがないが、当連載は、最終回である本稿がアップされてすぐに、書籍化の作業が始まる。

〈「今日のニューヨークは明日の東京だ」とか抜かしやがったコケ脅し野郎。ただ謝るだけじゃ済まねえぞ。アイーンしながら「スンマセンでした。アイーン」という動画を上げない限り、地獄の底まで追いかけてやる〜『もし地球が100人の村だったら』再び〜〉は、単行本『次の東京オリンピックが来てしまう前に』に収録されるので、そちらをお読みいただければ幸いである。

シームレスに繋げられなかったので、ここまでは落語で言うところの枕、オペラで言うところのレチタチーヴォとなる。イントロダクションの最後に再び、2度の休載をお詫びしたい。

＊　＊　＊　＊　＊

最大級の敬意を抱いている人物名と、最大級の軽蔑を抱いている人物名と、友愛や親近感を抱いている人物名と、特に敬意も軽蔑もしていない、心理的に完全にフラットな人物名とが、敬称略という状態で共存する居心地の悪さを読者諸氏と共有できると幸いである。

1984年、小林信彦は、自著『道化師のためのレッスン』（白夜書房）の冒頭に、糸井重里との対談を設置した。初出は、筆者の記憶では写真雑誌だったような気がするのだが、それはどうでも良い。どうでも良くないのはそのタイトルである。

それは「不易と流行」というもので、1984年当時の両名の、時代との関わり合いの形、発言者としての強度と意味、を、なるべく適切に考慮に入れれば入れるほど、その鋭敏さが理解できるのだが、本来は俳諧の用語である「不易流行」の間に「と」を入れることで、本来の俳諧の用語としての意味を換骨奪胎し、現代語的に言い直すと「ハイプとスタンダード」ということになろう。その視点から展開される、冒頭の〈萩本欽一論〉、その快刀乱麻を断つ斬れ味は、21歳の筆者を感嘆に至らせ、それは現在読み直しても全く色あせていない。

今、我々に、全方向的に問われているのがこのテーマであることは、読者諸氏をして概ね御首肯頂けると思う。コロナはハイプかスタンダードか？　それによって巻き起こったあらゆる変化はハイプかスタンダードか？　そして、「2度目の東京オリンピック」はハイプかスタンダードか？「近代オリンピック」自体がハイプかスタンダードか？　流行語としての「経済効果」はハイプかスタンダードか？　あらゆる死はハイプかスタンダードか？

対談をもう一例挙げる。昨年、創刊30年を迎えた文藝春秋社発行の『クレア』に、故・ナンシー関と大月隆寛の対談連載があった。現在は『地獄で仏』というタイトルで書籍化されているが、この連載の内容や詳細は兎も角、ほぼほぼ最終回近くに、地下鉄サリン事件が起こっている。

この回に、大月隆寛は、ガスマスクを購入したと赤裸々に発言し、現在言うところの、「引く／引いてみせる」というパフォーマンスを、当時から半ば積極的な表現として行っていた故・ナンシー関に、「思いっきり引かれてる間に、1回費やしてしまった回」と評価できる。故人の「引き芸」の説得力は強く、読んでいて「これ芸じゃなくガチで思いっきり引いてるなナンシー関」と思ったものだ。

大月隆寛の主張は明確である。「地下鉄サリン事件によって、東京の治安幻想は終わった。これからは、日常的に、宗教テロか無宗教テロか、地下鉄か地上かに拘らず、科学／生物兵器を使ったテロリズムに備えないといけない時代が到来したので、ガスマスクを購入し、常時持ち歩くことにした」

民俗学者であり、宗教学にも精通している大月は〈余りに、オウム事件に衝撃を受けた結果〉、オウム真理教ならびに、あらゆる新興宗教が起こすテロリズムを、そして我が国に於ける、毒物による、公共の場でのテロリズム全般の可能性を、ハイプではなくスタンダードとしたのである。因果関係は定かではないが、連載はこの回ののち1年を待たずに終了し、1995年からの大月の民俗学者、サブカル批評としての活動は「不遇」としか言いようがないまま、現在に至っている。

この、大月の明らかな大ミスから雪崩れ始めるキャリアに対して、同情的になる必要性も、また、大ミスの原因と、大月のプロファイリング履歴を冷静に、指数関数的に結ぶ必要も、少なくとも本稿にはない。

ただ、大月は、博打で言えば読み誤って大負けしたのである。ほとんどのダメな博徒は、大負けの直後に、一発逆転を狙って墓穴を掘ることになる。そしてこれは諧謔でも嘘でも皮肉でもなんでもなく、単なる本心で、人生は博打である。我々は世界という賭場に座り込んだままの博徒なのだ。

いとうせいこうと伊集院光は、コロナについて、ほぼほぼ同じ捉え方をしている。それは、要約するならば、

「コヴィッド19それ自体は、漸近線的に収束するであろう。しかし、同レヴェルの疫病禍はこれからも連続的に（あたかも、毎年のように局地的に大きい被害を出す自然災害のように）起こる。もう、スタジオでの出演者間距離や、遮蔽壁、無観客性、という、今回生まれた新事実は、ピンマイクやリモート出演（これはコロナ以前からあった）、2本撮りやドローンの使用、昭和より厳格なテレビコード（特に性的な）、のように、我々の日常になるのだ。だから落ち着け、来るべき日常に対して。と言いたい。こうした正しい把握ができずに冷静で居られぬ現場のDやP、スタッフ等に、脱臼的で滑稽な動きが出ている」

といったもので、この捉え方は、私見では、コヴィッド19はハイプだが、同列の疫病はスタンダードなのだと言っている態で、コヴィッド19をスタンダード視しているのと同様である。

そして、もしそうだとした場合、私見だが両氏共にこの博打には負けた。負け方としては、賭け金を置くのにつんのめり過ぎたし、負けを恐れながら勝とうとしているので、これは原理的に負ける。フロイド的に言えば、合理化が過ぎるからである。合理化は基本的に自らにしか効力を持たない。

「死・破滅・崩壊への恐怖」が強い傾向を持つ者は、先ずはこの博打にのるべきではない。正しい判断を下す能力が失調するからである。同様に「答えのない状態」が耐えられない傾向の者も、今はチップを置かない方が良い。原理的に負ける。現状が「そう」だからだ。合衆国に於けるコロナのリアリティはあるか？　ある。ブラジルに於けるそれは？　ある。中華人民共和国に於けるそれも、大韓民国、ユーロ各国に対するそれもある。

しかし、昔から大本営発表と外面史上主義という美悪の両徳を持つ我が国に於いては「世界的な問題」に関する「自分ちの状況」が、必ずリアリティを失う、という一種の国是がある。毎日株価の変動のように伝えられる「感染者数」に、「テレビで言ってるから」「ネットで書いてあるから」以上の、博徒の嗅覚に訴えるリアリティはあるだろうか？　それ以前に、あの、あられもなく堂々とした数字は、一体何を意味しているのだろうか？　気温や湿度のようなものなのだろうか？　国民一人ひとりが判断すべき、神の託宣とでもいうのだろうか？

事を「戦局」と考えた場合、だが、「今は何も断言できない」という、判断保留、思考停止が求められる局面は不可避的、不連続的に起こる。指揮官から最下位兵まで、全員が「何が起きているかわかっていない」「どうすべきか、という展望を完全に失っている」という状況を、筆者は、耐え難い苦境であるとは全く思わない。

これは数学や宗教に於けるカオス＝混沌、という、予め美的な物ではなく、違う階層の、些かハードコアな混乱／アネイブルコントロールである。
この、多分にエキサイティングで、誤解を恐れずに言えば「美しい」「楽しい」「ヤバい」とさえ言える状況の一瞬後に、突然判断は下る。待てるか待てないかは博徒の優劣を決する最大のスキルである。

筆者はコロナネタで当連載を終えることにかなり逡巡した挙句、結局こうしたことになった。現在は前述の混乱状態であるが、筆者はコロナをハイプと断じており、厳密に言えば、最終回に於いては、現状で最大のハイプを題材にするしか、エッセイストとしての選択肢はない。と判断したからである。

当連載の本懐は「2020年のオリンピックは、ロクなことにならない」と、開催決定年から直感していた（その段階で、賭け金を一銭残らず「オリンピック＝負け」に置いていた）者の、迫り来る国家的負け博打に対して、日々を悠然と過ごす、その月記であり、これは「21世紀のオリンピック＝経済＝文化」というスタンダードを扱うことである。

そして、このゲーム最大の目的は、「オリンピックが始まってしまう前」に、連載を終了することであり、つまり無事本懐もポイントゲットも果たしたことに、現在は些かの安堵を感じている。

筆者の証言は、最古のものが『時事ネタ嫌い』（文庫ぎんが堂）に収録された「前略・新都知事様」で、2007年、東京都知事選で石原慎太郎が3度目の当選を果たした時に執筆されている。石原は、半ば公約として掲げた〈オリンピック招致宣言〉の際に「歌舞伎町を浄化する」「あんな三国人だらけの街」「あなた、あんな街、世界中のお客様に見せられると思いますか？」と発言した。つまり、ことは13年前からフィクスされていたのである。「浄化」特に「民族浄化」の使用例は古代からあるが、最近だとアドルフ・ヒトラーがよく使った。マチズモがインポテンツに陥ると発しやすい単語である。

当時、歌舞伎町在住だった筆者は徹底的な悪態で抗し、現実は石原による栄誉に満ちた招致という最悪事態を回避したものの、最終的に開催決定まで漕ぎ着けた（その、負け戦の経過は、前述『時事ネタ嫌い』に全て収められている）。筆者はその経過中も、所属しているヒップホップクルー「JAZZ DOMMUNISTERS」のセカンドアルバム『キューピッド&バタイユ／ダーティー・マイクロフォン』（Sony Music Artists／2017）収録の「秘数2＋1」のリリック、ラジオ番組『菊地成孔の粋な夜電波』（2011～2018／TBSラジオ）の最終回のコメント、と継続的に「このオリンピックは禍を呼ぶので注意するように」と警報をアナウンスし続けてきた。上記アナウンスの記録は現在でも確認は簡にして易である。そしてアナウンスを小休止した時、コロナ禍が始まったのである。関係者への謝辞は全て書籍に譲る。読者諸氏に於いては、3年にわたるご愛読に感謝します。何度聴いてきたかわからない「観測史上最長」の梅雨が明ける頃、あなたが、コロナのみならない、あらゆる死の可能性をくぐり抜け、勝ったり負けたりしていますよう。そして博打は勝ってもすぐ次。負けてもすぐ次。3年などあっという間だ。

[PV推移]

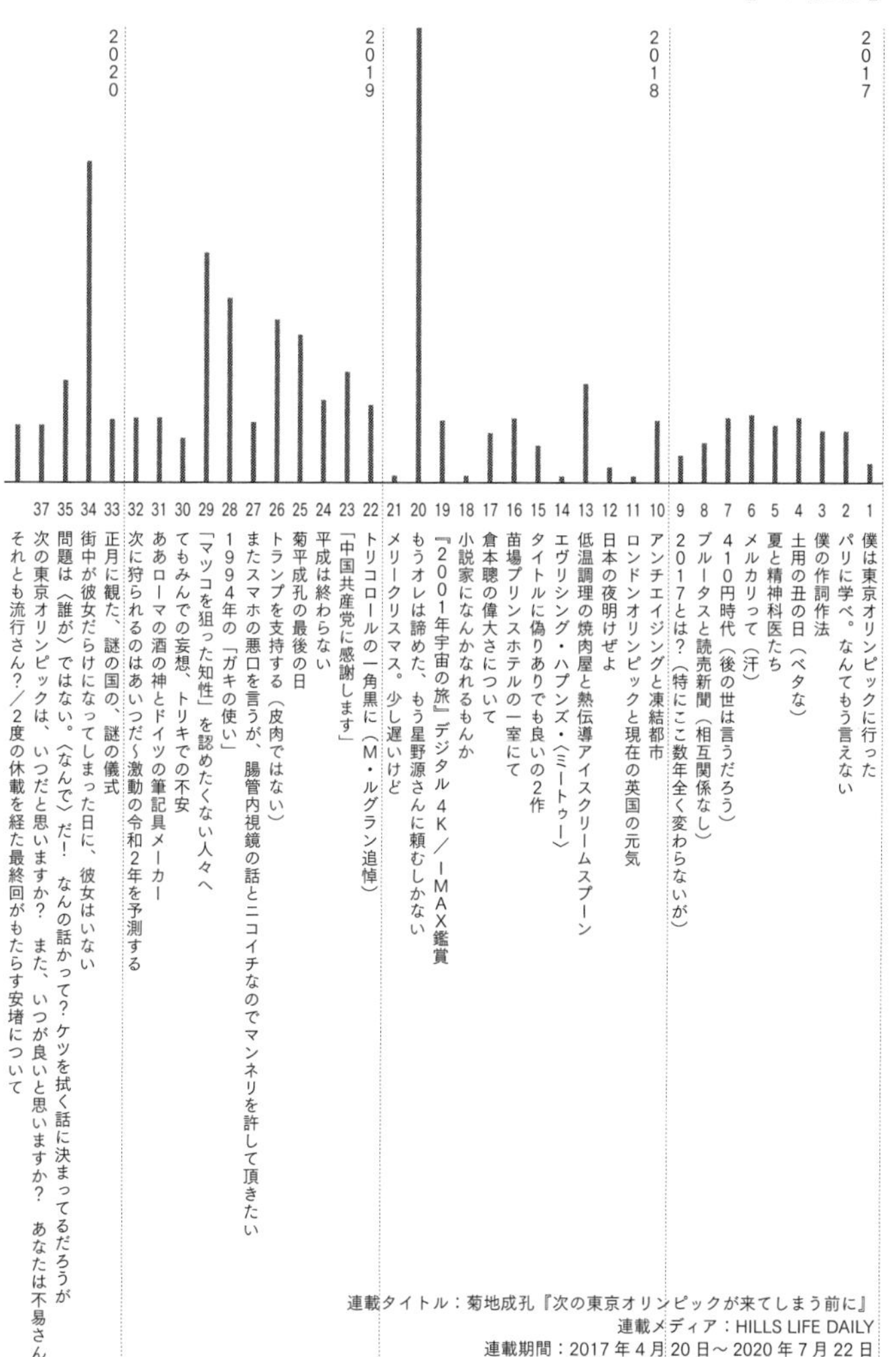

連載タイトル：菊地成孔『次の東京オリンピックが来てしまう前に』
連載メディア：HILLS LIFE DAILY
連載期間：2017年4月20日～2020年7月22日
データ集計日：2020年9月7日

チャート分析　～あとがきにかえて～

結論から言えば、コロナよりトランプより、故・N国より、よしもとクリエイティブ・エージェンシー（当時。現、「(新)吉本興業」は、あのスキャンダルの最中に親会社と共に社名を変更した）よりも何よりも、星野源（敬称略。音楽家として筆者が氏に大いなる敬意を持っていることは当該回を御一読頂ければおわかりの通り）が最強だという、驚くに値する様なしない様な絶妙の事実である。

この連載は大きく2017年、2018年、2019年、そして2020年の前半のみ、と、4期／全37回に渡るが、まずは閲覧回数トップ10をご覧いただきたい。具体的な数値は挙げられないが、1位は2位の倍付でトップの座に君臨している。2位以下は僅差となる。

全体的に2018年の圧倒的な低調ぶりが目立つ。これは、続く11位以下のランキング全体を見渡して頂ければ瞭然とする。また、2020年は掲載されてからの期間が短く、ハンデを与えるべき年だとするならば、コロナの最強毒性（2020年なのに2位）も讃えるべきであろう。

しかし、繰り返すが、そのコロナを、2倍近いポイントで抑え、しかも圧倒的な低調年である2018年からのエントリーで、圧倒的1位を示している星野源の訴求力は、いかな当時、伝説の「逃げ恥」から2年後、アルバム『POP VIRUS』、シングル『アイデア』によって全チャートを席巻し、国民的な支持がピークに達していたというタイミングを加味しても尚、少なくても当連載に於いては異常値と言うに吝かでない。また、同じ2018年からのエントリーとしては「低温調理の焼肉屋と熱伝導アイスクリームスプーン」の大健闘が目立つ。焼肉とアイスクリームが星野源に続く訴求力を見せた。

事後報告としては、星野源からのアプローチは現在に於いても一切なく、低温調理の焼肉店は閉店した。熱伝導アイスクリームスプーンに関しては説明の要はないと思われる。〔※（ ）内の数字は掲載年〕

1位）もうオレは諦めた、もう星野源さんに頼むしかない（18）
2位）街中が彼女だらけになってしまった日に、彼女はいない（20）
3位）「マツコを狙った知性」を認めたくない人々へ（19）
4位）1994年の「ガキの使い」（19）
5位）トランプを支持する（皮肉ではない）（19）

6位）菊平成孔の最後の日　(19)
7位）「中国共産党に感謝します」　(19)
8位）問題は〈誰が〉ではない。〈なんで〉だ！　(20)
9位）低温調理の焼肉屋と熱伝導アイスクリームスプーン　(18)
10位）平成は終わらない　(19)

以下が11〜20位となる。当連載で唯一の追悼回とも言えるが、年間著名人物故者数は50年単位でも平均値が大きく揺らがない、というデータから演繹しても、ミシェル・ルグランの逝去が与えたものは些少ではない。

また、2018年の低調はここでも明らかで、辛うじてセクシュアルなトピック（セクシュアルを、テクノロジーやメディアの発達の動力、文字通りリビドーに匹敵する最大の訴求性と見做す視点はまだ健在であろう）が入っているから、といった態の「苗場プリンス」と「凍結都市」がランクイン、『2001年宇宙の旅』に関しては、作品の訴求力、と言うよりも、「〇〇大したことねえ（ここではデジタルリマスタリング技術と、シネコンの巨大スクリーン）」といった「ディス受け」と評価すべきだと思われる。

執筆者本人の失敗、挫折、そこからの自虐ギャグ。も同質のものであろう（「ああローマの酒の神と」)。未だに筆者の元には、株式会社ロッテから「新しいガムが発売!」といったDMが届き続け、胸に小さな針を刺すことを止めない。

まだ〈薬にも毒にもならない、洒落た都会的なエッセイ〉への夢が生きていた2017年からは「メルカリ」「土用の丑の日」「410円時代」がランクイン。〈都会的なエッセイ〉と言えば、メルカリで服を売った金で鰻を食い、タクシーに乗って帰る。というラインが美しく決まった、といったところ。

11位)トリコロールの一角黒に(M・ルグラン追悼)(19)
12位)メルカリって(汗)(17)
13位)土用の丑の日(ベタな)(17)
14位)410円時代(後の世は言うだろう)(17)
15位)ああローマの酒の神とドイツの筆記具メーカー(19)
16位)次に狩られるのはあいつだ ~激動の令和2年を予測する(19)
17位)苗場プリンスホテルの一室にて(18)
18位)正月に観た、謎の国の、謎の儀式(20)
19位)アンチエイジングと凍結都市(18)

20位）『2001年宇宙の旅』デジタル4K／IMAX鑑賞 （18）

ここからが低位ゾーンとなる。上位ゾーンとの当社比較に於いて、低位根拠一目瞭然の並びと言えよう。今後最終回が、最低でも3年間を経て何度アクセスされるかは神のみぞ知るが、糞便や精神科、ネット言語と昭和の名脚本家の仕事、パリと京都という世界的な古都へのディス、有名チェーン店での陰性な妄想、といった〈都会的で洒落た〉感覚から〈手酷い世相へのアジテート〉感覚への移行期とも言えるラインナップ、その不安定さと茫漠たる不安感は、読者をして「二度と読みたくない」或いは「もう途中だけど、この先読みたくない」という心理状態を誘うに余りあるものと言えよう。

自己宣伝とも言える作詞法の解説、記事のアイデア盗用疑惑、さっき観てきたばかりの映画を、「タイトルと内容が一致しない」という点のみで結びつける荒っぽい映画評も同様である。

21位）またスマホの悪口を言うが、腸管内視鏡の話 （19）
22位）夏と精神科医たち （17）
23位）次の東京オリンピックは、いつだと思いますか？（最終回）（20）
24位）僕の作詞作法 （17）

25位）パリに学べ。なんてもう言えない（17）
26位）倉本聰の偉大さについて（18）
27位）てもみんでの妄想、トリキでの不安（19）
28位）ブルータスと読売新聞（相互関係なし）（17）
29位）タイトルに偽りありでも良いの2作（18）
30位）2017とは？（特にここ数年全く変わらないが）（17）

以下が最下位ゾーンである。2018年に集中し、あらんことか、連載第1回がランクインしているとには、嘆きや悲しみより遥かに、成層圏を逆に突き抜けた様な爽快感に満ちている。永遠に刻まれる最下位の名誉にはフェミニズム問題が扱われている。掲載当時、いわゆる「炎上」的な騒ぎはなかったが（「トランプを支持する」の時のが遥かにあった）、筆者はSNSは一切しないので、圧力団体からのアクセス反対運動があったとしてもスタッフからの報告が無い限り、知る由もない。現代は舌禍と謝罪の時代であるが、筆者はこの連載に於いて、一切の舌禍もなく、従って一切の謝罪も有り得ないと信ずるものである。

31位）僕は東京オリンピックに行った（初回）（17）

32位）日本の夜明けぜよ　(18)
33位）メリークリスマス。少し遅いけど　(18)
34位）小説家になんかなれるもんか　(18)
35位）ロンドンオリンピックと現在の英国の元気　(18)
36位）エヴリシング・ハプンズ〈ミートゥー〉(18)

チャート外）「今日のニューヨークは明日の東京だ」とか抜かしやがったコケ脅し野郎　(20)

最終回にある通り、連載をゲームとした場合の勝ち逃げには成功した。「もし来年オリンピックがあるなら、連載を1年延ばしてほしい」という声を多数頂戴し、嬉しく思う反面、そこには連載が永遠に終わらない可能性が含まれていることを考えなかったのか？　という疑問も払拭出来ない。筆者が全ての回に個人的な愛着があることは、筆者として自明と言えよう。即ち、筆者の中では、星野源とフェミニズム運動の極端な活動とが円環を閉じている。前書きにも記した通り、連載開始から3年半後の東京は、逆さ富士の様に水面を挟んで逆立する戦後の焼け野原である。3年半に渡るご愛顧に自我の深層から感謝します。あらゆる読者、筆者への異論や悪意、嘲笑や無気力さをも抱く人々も含め、全ての日本国民が胆力を取り戻し、第一には次の博打に勝つよう、心から願っている。これは皮肉や諧謔の類ではない。しかし近い将来、優れた皮肉や優れた諧謔は、一時的にこの国から消え失せるかもしれないのだ。あなたの敵はあなた自身に他ならない。敵を打ち負かす野生と禍々しさを。それは繁栄と平和の一歩だけ前に。

2020年9月23日26時29分　乱雑を極める世界にて（まえがきのジャスト5日と6時間後）

バイデンは誰に似ているか（顔が）？　～あとがきの更にあとがき～

筆者の積極的な本意ではないが、編集部のアイデアにより、本書のエピローグというか次の（東京？）オリンピックへのプロローグというか、「あとがきの更にあとがき」を書くことになった。本意でないものを強要された、という意味では全くなく、別の意味で中程度に憂鬱であることを告白しないといけない。

現在は２０２０年12月3日である。即ちスーパーチューズデー騒ぎも収まり（少なくとも我が国では）、地上波もネットもコロナ第三波の話をパワープッシュしているという状態である。筆者は両者ともすっかり興味を失っており、目下、筆者の興味は「キムタク再スタートのタイミングと、〈新しい地図〉の体たらく」、更にはそこから発展的に「そういえばキムタクをキムタクたらしめたスタイリストに祐真朋樹がいたが、現在、吉本の芸人、例えば、かまいたち濱家、霜降り明星粗品、千鳥大悟、等々を〈垢抜けさせた〉のは誰か？」ということに集中している。そのことしか考えていないと言って問題ない。

服が垢抜け、芸人に自信と経験が積まれると、いわゆる「良い顔」になる。「うっわ、きったねえストリート顔」と思っていた若手の顔が、みるみるうちにソフィスティケイトされ、見事なハンサムになってゆく。この過程において、鶏が先か卵が先かと言うぐらい、スタイリングは重要である。中背で頭が切れ、ヤンキーで坊主、という大悟のスタイリングは、言葉を選ぶが「簡単」である。それより今、「かなりの長身」は、20世紀の牧歌的な価値観とは違い、「服を探すのが意外と難しい」というリスクがある。

同じ長身＝ある種の異形、でも基本的に「漫才師」のユニフォーミティーである「スーツ」に収めてしまうことでこの問題系から解放される博多大吉（類例にサンドウィッチマン伊達＝ある種の異形、遠くはダウンタウン松本や横山やすし＝ある種の異形、この形式の変形であるアンタッチャブル山崎／オードリー春日＝ある種の異形、等々）と違い、同じスーツルックでも漫才師のそれではない粗品や、そもそも漫才スーツルックではない濱家など、時折、特に夏場の番組で「単にサイズが合ってるだけのシャツ探してきただけじゃねえの？」と思しき時もあり、要するに苦闘を感じさせながらも見事である。いったい誰がやっているのか？

「キムタク×祐真」時代とはそもそもシステム自体が違い、スタイリストが複数制説、テレビ局付き説（演繹的に「番組付き説」）なども考えたし（これらはどちらも「オーダー表システム」即ち「セットアップ禁止／ストリート感は少なめで／ハイブランド必ず1点／帽子は全面禁止」等々の細かい禁止事項の束であろう）、そもそも彼らの世代は、上京さえしてしまえば「服がダサい」と云う牧歌的な状態は長期的には訪れ得ず、「放っておいても垢抜けてしまう」時代なのだ。とも考えられるが、何れにせよこの問題系で重要なのは、等しくスタイリストが基本装備であろう「嵐」に対し、全くこういった興味が湧かない。と云う側面である。今、地上波で『VS嵐』を見ながら、寝そべって書いている。かまいたち濱家は嵐松本よりもデカい。冒頭に書いた通り、中程度に憂鬱である（濱家がデカいから、ではない）。

とさて、声なき声が「コロナとトランプの敗退、更にはそれが世界をどう変えるか？　について書け」と、恐怖心すら感じさせる圧力を持って迫ってくる。

筆者は、現行の「リベラル」が嫌いだ。「意識の高い正義」という、途轍もない普遍性を含む意味に肥大しているからである。原義のリベラリズムは、前提に支配や侵略や差別等々の「不自由」があり、そしてそれを一義的に「悪」とし、その「悪」を撤廃し、「自由（リベラル）」という「善」を成す。ということであって、その段階で筆者はそこそこ懐疑的なのだが、現行のリベラル、特に「ネトウヨ」に倣って「ネトリベ」とも言うべきゾーンの住人の正義感たるや、本当に、腹の底から恐ろしい。恐ろしいとしか言えない。インターネット、特にSNSは民に万能感を与え、退行させる装置だが、最も恐ろしい正義は、幼稚な正義だからだ。「ネトウヨ」の勢力よりも「ネトリベ」の勢力のが圧倒的に強い。再び、何度でも言うが、もう恐ろしくて恐ろしくて、毎日憂鬱である。ネトリベはリベなのに不自由さしか生まない。これは典型的な倒錯であり、筆者はあらゆる自由を愛する原理的なリベラリストである。

こうして、ネトリベの神経を逆撫ですることしか思いつかない。バイデンは民主党であるのに顔がブッシュに似ている。ホワイトハウスメンのあり方として最悪例ではないだろうか。あの（全く検索していないが、おそらく南北戦争時代以来であろう）驚異の投票率は合衆国民をして、トップに立つかもしれない人物の顔相ひとつ冷静に見れなくなっているのは一種の集団ヒステリー（ヒステリー発作は、荒れ狂うことではない、一時的な能力——視力、聴力、思考力等々——の失調である。荒れ狂うのはその産物のひとつだ）なので仕方がないが、我がトランプが「お前はブッシュにそっくりだ。何で我が党にいない？」という、本物のバカとしか言いようがない一言を放たなかったことにだけ彼に失望している。

更に悪質な見立てが続く、読者諸氏は合衆国の歴史の中で、最も在任期間が短かった大統領が誰かご存知だろうか？ウィリアム・ヘンリー・ハリソン（William Henry Harrison）である。第9代と言われてもピンとこない諸氏が多かろうと思うが、あのエイブラハム・リンカーンが第16代である、と言われれば……やはりピンとこないかも知れないが、ハリソンは南北戦争さえまだ夢のまた夢、どころか、ハリソンが生まれた頃、合衆国はまだ独立していなかった。

彼の就任期間は1カ月だ。厳密には1841年3月4日〜4月4日である（因みに南北戦争は

1861～1865年、独立宣言は1776年）。暗殺でも、政変による引きずり降ろし等々の理由によるものではない。所属は共和でも民主でもなく、現在は存在しないホイッグ党だったが、ハリソンは当時としてはかなり高齢の68歳で大統領に就任し、寒空の下、就任演説中に風邪をひいた。そして肺炎を併発し（肺炎のきっかけには諸説あり）、加療の甲斐なく僅か1カ月で死去したのである。「年寄りの冷や水」とはこのことであろう。

バイデンは悪漢トランプに大勝負で辛勝したリベラル・インターナショナル信奉者、である前に、就任時（というか、去る11月20日）に78歳であり、言うまでもなくこれは合衆国大統領史上最高齢である。バイデンより4歳下のトランプは「コロナに罹患→完治（軍の病院で）」という、筆者の根拠なき推測でほぼ狂言であるタフガイ・アピールを行ったが、バイデンはこうして、「コロナには気をつけてくださいね」という台詞さえ（コンプラ以前の倫理で）吐くのを躊躇わせる厄介さに満ちて、高い可能性で中華人民共和国にCO_2を減らせと言うのであろう。公害を、その地区、その国家の出来事とせず、（リベラル）インターナショナルな問題とする、という無茶なコンセプトは、あの環境ミリオネア、ゴアの珍発明である。

ゴアは合衆国の選挙制度の急所であり、今回の選挙でも問題になった郵便投票の開封を待たずして敗北宣言したことで、特にリベラリストから信用を受け、このままだと南極の氷山が溶けて海面が上昇し、世界が水没するぐらいの品性のかけらもないドシオ（ジャズミュージシャンの符丁で「脅し」（のこと）で世界を震撼させ、ものすごーい金を儲けた。我らがドナルドは郵便投票はインチキだと、バカとしか言いようがない名台詞と共に、まだ敗北宣言を行なっていない。読者諸氏に於いては、簡易だと推測されるので、ハリソン、ブッシュ、バイデン、トランプ、そして三文役者あがりの名大統領、ロナルド・レーガンの肖像を是非見くらべて頂きたい。ドナルドの顔相が最も似ている大統領はロナルドであること、それがホワイトハウス面の平均的顔相から外れていることが同時にご理解頂けるはずだ。これ以上、書きたいことを書いてもネトリベに吊るされるだけであろう。遊び人も博徒も吊るされたら終わりだ。口を閉ざすのが良かろう。口を慎むかわりに口笛を吹きつつ、つまり中程度には憂鬱のまま本書を終える。「芸人を垢抜けさせる人々」の探索は続く。

2020年12月3日　筆者の親戚一族郎党が楽しそうに笑いながら語っていた太平洋戦争時のニュース映画、オイルショックのヤラせ映像、エイズ騒動を初期駆動したゲイ差別、東電と政府の、絶妙としか言いようがないタイミングでの「実はメルトダウンしてました」発表、等々、歴史がプロパガンダのセリーであること、公式発表の全てには虚偽が、何らかの拭いがたい力の働きによって否が応でも混入させられる、つまり混ぜ物であることを――皮肉ではなく――微笑ましく思い出しながら。

菊地成孔

菊地成孔（きくち・なるよし）

１９６３年生まれの音楽家／文筆家／大学講師。音楽家としてはソングライティング／アレンジ／バンドリーダー／プロデュースをこなすサキソフォン奏者／シンガー／キーボーディスト／ラッパーであり、文筆家としてはエッセイストであり、音楽批評、映画批評、モード批評、格闘技批評を執筆。ラジオパーソナリティやＤＪ、テレビ番組等々の出演も多数。２０１３年、個人事務所「株式会社ビュロー菊地」を設立。２０２０年より「ビュロー菊地チャンネル」（https://ch.nicovideo.jp/bureaukikuchi）で、フェイクラジオ「大恐慌へのラジオデイズ」や料理動画「ナルズキッチン」など多彩な動画コンテンツをスタート。

本書は、ウェブマガジン「HILLS LIFE DAILY」https://hillslife.jp/（運営 森ビル株式会社）掲載「菊地成孔『次の東京オリンピックが来てしまう前に』」（２０１７年４月〜２０２０年７月）に、加筆修正をしたものです。

次の東京オリンピックが来てしまう前に

２０２１年１月15日　初版第１刷発行
２０２１年２月28日　初版第２刷発行

著　者　菊地成孔
発行者　下中美都
発行所　株式会社平凡社
〒１０１－００５１　東京都千代田区神田神保町３－29
電話　０３－３２３０－６５８５（編集）
　　　０３－３２３０－６５７３（営業）
振替　００１８０－０－２９６３９
平凡社ホームページ　https://www.heibonsha.co.jp/

装　丁　藤田裕美
編　集　野口理恵　小谷知也　日下部行洋（平凡社）

印刷・製本所　中央精版印刷株式会社

ISBN 978-4-582-83858-9　NDC分類番号914.6　四六判（18.8cm）　総ページ328
乱丁・落丁本のお取り替えは直接小社読者サービス係までお送りください（送料は小社で負担します）。